雅理

做学生的方式有太多种了,但万变不离其宗,其核心都是通过向他人学习来培养自己的独立思考能力。一言以蔽之,学生,就是通过学习使自己成为更自由的人。

[美]迈克尔·罗斯 著 孔祥瑞 译

学生简史

理想教育何以成人

The Student
A Short History

生活·讀書·新知 三联书店

Simplified Chinese Copyright © 2025 by SDX Joint Publishing Company.
All Rights Reserved.
本作品简体中文版权由生活·读书·新知三联书店所有。
未经许可，不得翻印。

图书在版编目（CIP）数据

学生简史：理想教育何以成人／（美）迈克尔·罗斯著；孔祥瑞译. -- 北京：生活·读书·新知三联书店，2025. 8. -- （雅理译丛）.
ISBN 978-7-108-08108-7

Ⅰ．G519

中国国家版本馆 CIP 数据核字第 20258J7V43 号

THE STUDENT: A Short History
by Michael S. Roth
Copyright © 2023 by Michael S. Roth
Published by arrangement with Georges Borchardt, Inc.
through BARDON CHINESE CREATIVE AGENCY LIMITED
Simplified Chinese translation copyright © 2025
by Tao Zhi Yao Yao Culture Co., Ltd.
ALL RIGHTS RESERVED.

责任编辑	苏诗毅
责任校对	曹忠苓
责任印制	李思佳
出版发行	生活·讀書·新知三联书店
	（北京市东城区美术馆东街 22 号 100010）
网　　址	www.sdxjpc.com
经　　销	新华书店
印　　刷	北京中科印刷有限公司
版　　次	2025 年 8 月北京第 1 版
	2025 年 8 月北京第 1 次印刷
开　　本	880 毫米 × 1092 毫米　1/32　印张 6.625
字　　数	131 千字
印　　数	0,001－4,000 册
定　　价	58.00 元

（印装查询：01064002715；邮购查询：01084010542）

献给查尔斯·萨拉斯（Charles Salas）

目 录

前　言 ... i

导　言 ... 1

第一章　典范教师，模范学生 ... 11

第二章　儿童、学徒与学生：学会独立 ... 42

第三章　现代学生的出现 ... 73

第四章　大学里的学生：成长多艰 ... 101

第五章　借他人之智，成己独立之思 ... 132

注　释 ... 169

索　引 ... 190

前　言

　　长久以来，我都既当老师，又做学生。20世纪70年代初，我还在读高中，那时就做过儿童家教，暑假还当游泳教练。开始教本科生则是在我攻读历史学博士学位的时候。那真是令人心醉的经历！我当时浑身冒着几乎要溢出来的兴奋劲儿，几乎每次都是一路蹦到教师休息室，打算在这个我原来只能透过窗户看看的地方找人认真讨论一下教学。好吧，这通常收获甚微。毫无疑问，更有经验的教师会选择把自己的热情留到课堂上。那时候的同事有没有被我的热情吓到过？至少我自己是的。我惊讶于自己如此享受处在教师的位置上。那之前我已经意识到自己非常喜欢做学生，但不确定这种感受是否适用于公式的另一边。师生关系的确在某种意义上是个公式——好学生能让老师变得更好，好老师也能够以一种出人预料，甚至是超过学生自己预料的方式激发他们的学习。读书那会儿，我是那种求知若渴的书呆子。除此之外可能就是希望博得老师的欢心，尤其是在卫斯理大学读本科期间。那时候我发现，良师不仅不以学生的挑战为忤，甚至"闻忤则喜"。我一直喜欢做学生的感觉。即使后来当了讲师，我也继续通过参加讲座、旁听研讨会、问同事问题来保持这种感觉。我的第一份学术工作在斯克利普斯学院（Scripps College），我在那里创办了一个人文研究所，目的是让同事、高年级本科生和邀访学者都可以从彼此身上互相学习。现在回想起来，那也是我使自己保持学生状态的一种方式。多年后，我在盖蒂研究院（Getty Research Institute）担任学者项目负责人。我和同事一起挑选出我们认为既有趣又充满开放性的问题，然后邀请世界各地的知名研究人员和艺术家来洛杉矶，共同探讨。虽然由我"主持"每周的研讨会，但我的内心仍然充满了在卫斯理大学读本科时那种智识探险的兴奋感。在盖蒂，我仍然同时处于公式的两侧。甚至在我2000年担任加州艺术学院［California College of the Arts，当时叫加州工艺美术学院（California College of Arts and Crafts）］院长时，我依然保持着学生身份。因为我不是艺术家，所以我毫不掩饰自己需要向同事和学生学习。他们宽容地接纳我为学生，几乎像他们在作品中展现的创造力一样给了我极大启发。

2007年，我作为校长重返卫斯理大学，并继续在教课的同时尽我最大努力保持学生身份。虽然从一所加州的艺术院校回到一所新英格兰地区的精英文理学院让我再次感受到传统学术等级制度的深刻影响，但我发现，无论是校长还是新生，保持开放学习的最佳方法是一致的，那就是承认自己的无知。而在卫斯理大学，有很多人愿意帮助我保持这一点！

我有幸与一些学生共事，他们的认真和喜悦、游戏感和目标感，让我更深刻领会了一些伟大的哲学、文学、历史和电影作品。我们不仅一起研读了卢梭的《论人与人之间不平等的起因和基础》、伍尔夫的《到灯塔去》，观看了斯特斯奇的《淑女伊芙》(The Lady Eve)，还一起体验了在和睦的伙伴关系中独立思考的乐趣。我在本书中提出，这种体验让我们对自主性、纠缠关系，以及最终的目标——自由，有了更深的理解。最好的教学是邀请一个人始终保持学生状态，做一个对新知、发现乃至自我转变持开放态度的人。

我要感谢许多为这个项目的完成做出了贡献的人。首先，我要向耶鲁大学出版社的编辑詹妮弗·班克斯（Jennifer Banks）表示感谢，她不仅富有创意，而且深思熟虑。几年前，詹妮弗向我提议了这个主题，而且她一直支持我采用历史视角来阐明当代问题的进路。耶鲁团队的每一位成员都非常出色，我尤其感谢罗宾·杜布朗克（Robin DuBlanc）提供的编辑建议。此外，我还要感谢我的代理人——了不起的乔治·博尔查特（Georges Borchardt）。他曾多次告诉我，他之所以热爱这份工作，是因为它能让他永远保持学生身份。乔治对我写作的信任，已经促成了三本涉及文化、政治、历史和教育交叉领域的书。我深深感激我的学生们，他们多年来出于为自己学习的渴望而不断挑战我。在斯克利普斯学院和克莱蒙特研究大学，在加州艺术学院和卫斯理大学，我的课堂和辅导课上的学生们不仅帮助我持续从经典作品中学习，还向我介绍了很多单靠我自己很难发现的文化作品。这些机构的同事们也给了我极大的帮助。我特别要感谢校长办公室团队，包括希瑟·布鲁克（Heather Brooke）、迪娜·伯格哈特（Dina Burghardt）、安妮·拉斯科夫斯基（Anne Laskowski）和丽莎·普罗科普（Lisa Prokop）。他们的支持让我得以抽出时间完成这个项目。我在学校的同事们也提出了宝贵的建议：卫斯理大学教育研究院的史蒂夫·斯泰姆勒（Steve Stemler）和安娜·舒斯特曼（Anna Shusterman），英语系的娜塔莎·科尔达（Natasha Korda），非裔美国人研究系的哈利勒·安东尼·约翰逊（Khalil Anthony Johnson），哲学系的史蒂芬·安格尔（Stephen Angle），以及法语系的安德鲁·柯伦（Andrew Curran）。出版社的两位匿名审稿人也提供了有帮助的建议。

我是卡里·威尔（Kari Weil）的一位幸运的学生，她不仅是我的同事，更是我的妻子。她引导我以更严谨和更创新的方式思考教育机构和学习、自主性，以及纠缠中的乐趣和责任。我在她的近旁完成了这本书的大部分写作，没有比这更理想的写作环境了。

三十多年来，查尔斯·萨拉斯对我的思考、教学，尤其是写作提供了宝贵的反馈，使我受益匪浅。他在克莱蒙特读研究生时便与我合作，后来更在盖蒂研究院和卫斯理大学成为我的同事。我们长期互为朋友和学生。自我们共同学习开始，我就从他那里学到了很多重要的东西，因此这本书献给他。

导 言

做学生的方式有很多种。有经验的老师都知道,对学生一概而论是很危险的,应该因材施教。对甲很奏效的法子,用在乙身上就可能适得其反。有些学生是如此想讨老师欢心,以至于超常发挥,进而发现自己学得比其他人,甚至比老师都快。而另一些学生仅仅是适应学习环境、找到平衡,就已经耗尽了自己的全部力量。还有一些学生通过不断质疑老师锻炼自己的思维能力。正是在与教师进行有批判、有争辩的对话的过程中,他们越来越勤奋,思考也越来越深。还有的学生通过模仿来学习,他们乐于跟随同学和老师的步伐。做学生的方式有太多种了,但万变不离其宗,其核心都是通过向他人学习来培养自己的独立思考能力。一言以蔽之,学生,就是通过学习使自己成为更自由的人。

这是一本覆盖长时段历史的小书,旨在探讨从公元前6世纪至今,几种在非常不同的背景下发展起来的基本学习模式。我会用非常粗的线条描绘早期历史。进入18世纪启蒙时代后,图景才逐渐精细。因为正是在这一时期,"自由"和"学生"这两个理念开始交织在一起。尽管所涉颇广,但我相信读者很容易发现,本书无意求全。比如,我没有探讨犹太传统和伊斯兰传统中的"学习",尽管它们都在西方文化中占有重要地位。本书后半部分聚焦美国大学生。这是一个常年被批评和抱怨的群体,最近,他们被贴上"爱审查"、"不自由"和"想往上爬想疯了"的标签。上一代人看不惯年轻人,指责他们没个学生样子,这种陈词滥调在历史上屡见不鲜。中世纪的老修士抱怨正在训练的小修士行为放纵。在20世纪60年代的音乐剧《欢乐今宵》(*Bye Bye Birdie*)中,父母们唱出这样的疑问:"现在的孩子都怎么了?""为什么他们不能像我们过去那般,样样都好?"本书描绘了理想学生形象的兴起,以及那些不可避免的对未能达到这一理想的人的抱怨。我们将会探讨一个人应当如何通过向他人学习来培养目标感和主动性,也会关注学生们实际上是如何学习的。

我们首先探讨学生的三种基本类型:追随者、对话者和门徒。这三种类型截然不同,但在今日学校中都还能见到。让我们从孔子的学生开始。这是一群跟随大师学习的成年男子,对他们来说,学习首要是学如何与他人建立合乎伦理的、和谐的关系。然后我们将转向苏格拉底——西方最具影响力的教育家之一。这位西方哲学之父通过提问教化听众,他从不提供听众可以直接履践的信条。他的学生是一群对话者,旨在过一种经过检视的生活。他们践行的这种自我意识被认为是现代学习观念的核心——一条通向自由之路。最后,我们会探讨作为门徒的学生。耶稣的门徒经常称他为他们的导师(或拉比)。他的教导如此深刻地影响了他们,以至于他们觉得自己如获新生。他们会说,自己无法想象比与耶稣同行还要自由的时刻。显然，今天你仍然可以在学校里找到门徒这样的角色。

这些古老教导的各个方面至今仍活在各级教育中。孔子最看重的东西——崇敬和尊重（reverence and respect），是今天学校里仍然推崇的品质。当然，这种推崇常伴随着批评，而这正是苏格拉底传统的主要内容。批评精神（或批判性思维）被很多大学教师奉为圭臬，它显然与孔子及其弟子的传统之间存在紧张关系。耶稣的门徒虽然在拒绝现状、抛弃旧我和重获新生时也会用到批评的元素，但他们身上的虔敬显然与苏格拉底式的反讽相距甚远。对耶稣的学生来说，模仿老师是关键，但融入信仰共同体也很重要，因为他们认为这与一个人对知识的理解密切相关。社区的接纳在今天的大学校园仍然很重要，甚至有很多大学职位就是为增强社区的包容性而设。当然，与其他狂热的人同频共振，也是现代学生文化中极易引发批评的一个方面。亲爱的读者，阅读至此，您或许已经从这些千年前的典范学生身上找到了自己的影子。

接下来我们继续向前，把视野放宽，探讨在前现代的欧洲，做一个"要学很多东西的人"是怎样的体验。这个人虽然还未成年，但已经需要增加对世界的了解，以便之后能在其中独立生存。在这一时期，学校寥寥无几，且彼此相距甚远，但学校里确实出现了某种"学习"——以自由为目的的学习。诚然，男孩和女孩的遭际还是不同，学徒制等正式教育制度中也有性别差异。中世纪时，多所大学相继建立，随着识字在文化和经济上带来的优势越来越大，基础教育逐渐普及。然而，有些人完全被排除在教育之外，至少是那种旨在使人独立的教育之外。我们也将简要讨论奴隶这一特殊类型如何凸显了本书的核心关切：学生与自由的关系。支持奴隶制的人必然否认奴隶能够成为学生。

本书篇目和观点的中心都是18世纪末康德对启蒙的定义：摆脱自我强加的不成熟状态。这吹响了现代学生理念发展的号角：一个正在学习独立思考的人。当然，启蒙运动不仅仅关乎学生，它还是一个历史进程，一个许多社会努力把自己从对传统的依赖中解放出来，转而通过理性思考减少苦难的进程。越来越广阔的人群感受到科学和技术的有用性，而他们需要教育。因此在18世纪，越来越多的家庭开始熟悉"学生"这一概念。人们热烈地就教育理念展开辩论。随着时间的推移，这些辩论逐渐与信仰和救赎脱钩，更多关注如何培养具有独立思考能力的自由公民。到了19世纪，随着正规学校教育在西方世界的普及，关于教育理念的辩论愈发复杂。学校真的在帮学生学会独立思考吗？还是仅仅灌输了新的社会规范？高等教育能够带来造福社会的科学进步，还是仅仅为工业化加速导致的不平等提供了自私的辩护？如果每个人都在学习相同的东西，那么独立思考从何谈起呢？本书这一部分以拉尔夫·沃尔多·爱默生鼓舞人心的号召作结：通过更开放、更有创造力来实现更独立的生活。在他看来，自由不仅仅关乎智力层面，更与一种强烈反对传统束缚的生活态度紧密相连。

W. E. B. 杜波依斯（W. E. B. Du Bois）的生平为我们检视

"学生"身份内涵的变化提供了一个独特而有力的视角。杜波依斯的教育经历极为多元，从马萨诸塞州西部的童年教育，到南方黑人学校的本科生涯，再到与同时代的顶尖思想家共同在美国及海外名校学习的经历。面对种族主义对他才华和志向的阻挠，杜波依斯在求学路上展现出了非凡的坚毅。作为学生，他致力于通过自我提升来实现自由。在他生活的时代，高等教育迅猛发展，越来越多的人开始把大学文凭视作未来独立和为社会贡献力量的保障。

杜波依斯的案例促使我们进一步探讨，当女性和非裔美国人在一个正在经历迅速变革的国家里追求进步时，大学教育所发生的变革。我们观察到大学校园中各种学生"类型"的出现：从沉浸在兄弟会（fraternity）生活中的"男大学生"，到坚信独立思考等于彻底否定现状的"校园激进分子"。前者通常将自由理解为脱离学校权威，后者则在一种更爱默生式的反叛中追寻自由。此外，我们还会考察各种校园抗议运动，它们有时视大学为对抗社会不公的阵地，有时则将高等教育本身视为这些不公的体现。

在告别了20世纪60年代的学生运动后，我们终于来到了当下的学生概念。随着越战结束和学生激进主义的衰退，一些评论家对学生的关注点转向取得好成绩或超过别人表示惋惜。他们忧心年轻人不再关心意义和价值问题，而仅仅从工具主义的角度看待教育。比如，我该如何利用现有文凭进入更高的专业院校？我该如何为自己的求职加一份筹码？不过，对本科生声量最大的批评通常集中在就读于精英大学的少数人身上，批评他们屈服于政治正确。据说，学生们一边通过社会排斥手段来强行推行政治正确，另一边却逃避对自身（进步）信条的深刻质疑。冷战结束后，保守派知识分子的目光转向寻找校园内部的敌人——那些自以为正义，决心按照自己的形象改造世界的激进分子。最终，即使是自由派知识分子也加入了这一行列，因为他们发现自己也成了学生反对的"现状"。如今，学生们被视为审查主义者（censorious）或相对主义者、反自由派或激进派、被宠坏的雪花一代*或社会正义的斗士。近年来，在那些本来就把政治正确视作妖魔的反对者们看来，政治正确已经进一步发展成了"觉醒文化"或"取消文化"。人们愈发清晰地意识到，学生这一概念已经成为老一辈人投射自身焦虑和恐惧的媒介。

数十年来，政治家和评论家都在关注学生群体到底会实践还是压抑言论自由。最近，一些州的立法机构直接介入，规定学校应该教哪些历史和文学课程。某些州更是通过了禁止教师讨论"批判性种族理论"（critical race theory）的法案，这似乎意味着任何不把反黑人的种族主义视为美国历史常态之外的一个极端偏差的学术研究都将被禁止。有些法案还禁止"分裂性概念"，因为这些概念可能让某些群体感到不安或内疚。此外还有一种担忧，认为任何对种族压迫残酷性的讨

---

* 2016年，柯林斯年度十大词语收录了"雪花一代"（snowflake generation）一词，指的是2010年后成年的青年一代"比之前世代的人更脆弱、更容易觉得被冒犯"。详参https://blog.collinsdictionary.com/language-lovers/top-10-collins-words-of-the-year-2016/。——译者注（凡此类星号注，均为译者注，以下不再说明。——编者注）

论都可能削弱学生未来的爱国主义情感。加州大学洛杉矶分校的研究人员发现，全国范围内有近五百项法案试图限制关于奴隶制和歧视的教育内容。[1]

尽管这些行动的动机来自近年来的反种族主义运动，但这些保护被认为脆弱的学生的努力并不限于关于非裔美国人的学术研究。2022年，美国田纳西州的一个学区禁止了阿特·斯皮格尔曼（Art Spiegelman）的图画回忆录《鼠族》（*Maus*），因为此书涉及了大屠杀内容。同时，在某些州存在着广泛的社会力量，试图将任何涉及LGBTQ议题的书从学校图书馆中移除。在当前社会两极分化的背景下，社会上出现关于年轻人教育的紧张情绪并不令人意外——有时是因为我们担心他们可能受到伤害，有时则是因为我们认为他们的思想具有危险性。

随着科技和教育的关系越来越紧密，那些数字化思维的教育工作者试图通过专注于培养特定技能，来避开关于学生的两极化争论。人们在接受编程训练或者攻读法务、会计等专业文凭时，政治议题往往更容易被搁置一旁。有些教师已不再使用"学生"一词，而是更愿意称"学习者"。学习者的技能发展和微认证（micro-certificates）通常与在线教育相联系，在此之外，游戏化和认证（gamification and certification）的应用则更加广泛。在在线课堂中，学习者可能会得到ProfBot*的辅助。在传统大学的化学课上，学习者也可能因为

---

*　ProfBot是一款专注于教育领域的AI聊天机器人产品。

完成有趣的安全培训游戏而获得数字徽章。机器学习技术已经开始修改（甚至可能是撰写）期末论文。未来，机器学习还可能成为理解教育的一个基本模型，即把教育视为摄取和消化知识。这还不是当前最进步的教育理念。那些拥抱教育技术的老师们已经多次体会到了"愿望需谨慎"。那些精通技术的教师力主使用"学习者"这一概念，因为他们希望教室里充满积极主动的学生，而非被动接受指令的对象。这种对主动学习的强调让人联想到几个世纪以来与学生概念相伴的自由话语。然而，在当今的经济背景下，学生对由教师（或机器）颁发的特定技能证明的渴望，更多体现了对效率和对即学即用的可复制知识的追求。或许，这是一种资本主义版的儒家式和谐：作为学习者的学生被引导着学习如何高效融入社会、如何适应环境以获得成功。文凭，或者现在更可能是徽章或证书，成了他们向雇主展示自己已经学会了融入之道的信号。

但即便是在我们这个数字化时代，一个作为正在学习如何获得自由的完整个体的学生理念仍然具有深远意义。今天的年轻人当然掌握了很多适应算法和机器世界的特定技能，但我们同样期望，他们能培养出一些使作为个体和作为社区的一分子的自己茁壮成长的实践能力。这些实践旨在发展较早时代称为"美德"的品质，而且我们至今仍然期望邻居、同事和领导者拥有这些品质。孔子、苏格拉底和耶稣各自以不同的方式强调了这些美德对社区的重要性，他们的教诲鼓励追随者、对话者以及门徒与周围人和谐共进。中世纪的学徒也被期望不仅学会如何从事一个行当，还要学会如何以互惠互利的方式融入社区。如今，当我们谈论学生的品格和社区时，我们指向的是对终身学习者的需求，即那些对模糊性持开放态度，并能以正直和同情心在我们的世界中航行的人。我们当然需要精通技术的人，但我们同样需要那些曾是世界的学生，并培养了好奇心、判断力和创造力的公民。

每个人都有潜能，学生则是那些主动探索自身潜能并努力发展它们的人。世界上有许多人被剥夺了这种多维发展的机会。那些拥有机会却没能抓住它的人，那些故意忽视自己潜能、浪费实现自我潜能机会的人，充其量只能算是停留在不成熟的状态。最坏的情况则是，他们在进行一种自我戕害。真正的学生会积极拥抱成长的多样可能。这种成长不同于接受教练的训练完成一项任务，也不同于在市场上获得物品或经历所带来的满足感。学生确实掌握某些特定技能，也会享受这些体验，但作为学生，他们更是在从事一些更根本的事情。他们是在通过认识自我、发展潜能（包括如何思考）来学习自由。这一过程总是与他人共同完成的，学生们在共同探索自我、共同发展潜能中成长。

在过去的几年里，随着支持这种成长的条件逐渐消失，其重要性日益凸显。新冠疫情期间，许多学校停课或转为远程授课。这对很多学生来说是一种痛苦的体验，并可能产生长期的负面影响。这不仅仅是关于通过互联网学习的问题。在此之前，我已经从事在线教学多年，深知在当前的众多平台上，人们可以学到很多领域的许多知识。远程教育的确有其优点。但与许多老师一样,我发现回到面对面的实体课堂(即便是戴着口罩)非常令人振奋。而且我并不孤单。我的学生们虽然向来擅长与亲友保持线上联系,但他们回到教室后也和我一样感觉充满活力。我和同事们都对很多学生在整理完东西准备离开教室时向我们表示感谢这件事很惊讶。这种情景每周都会发生!他们所感激的并非我们分享的具体知识,而是能够锻炼思维、拓展想象力的机会。虽然独自一人的学习和实践中也有顿悟的时刻(aha moments),但我们的学生仍然珍视共同学习,珍视与那些和自己一样正在发展自身潜能的人相伴同行。

在这本书中,我们视学生为追随者和对话者、门徒和反叛者,以及孩子和正在成为独立的成年人的青年。尽管承认自己的无知对大多数人而言是个好的起点,但并不存在一条适合所有人的学习路径。"学生"的概念与"学习是一个持续过程"的理念一同出现。即便你不再是初学者或新手,在最好的情况下,这一过程也是没有终点的。你不会抵达某个终极真理,因为每当似乎走到了一条探索之路的尽头时,如果幸运的话,你就会意识到自己正踏上新的征程。一旦我们逐渐认识到,所有人都有多样潜能,这些潜能不应在探索之前被预先限定,以及每个人都有获得自由的潜力,我们就越发理解学生的意义——一种正在探索如何与世界互动、吸收世界的教训并创造性地做出回应的状态。

我真不明白,怎么会有人想从这个状态中毕业呢?

第一章

典范教师，模范学生

任何想学习或者尝试新道路的人都必须找到对的老师，但这并非易事。有的人想找一位智慧之师，以期对自我和世界有所领悟。有的人需要一个能帮自己质疑现有观念的人，还有的人只是想找到一个值得效仿的人生榜样。有些老师的魅力表现为能够吸引追随者，有些老师令人折服则是因为他们推崇独立，不希望任何人沿袭自己的足迹。

对于老师来说，找到既有学习意愿又有学习能力的学生同样不易。这是所有身怀才能、知识或使命的人的长久命题，也是当下各种教育机构的中心议题。如何更有效地运用有限资源，既服务那些渴望学习的个人，也为社会做出最大的贡献？有些学校和老师侧重选拔，只接纳那些已经证明自己能充分利用现有资源的学生。另一些则侧重普惠，希望能在那些白纸般的心智上留下自己的印记。在西方历史的不同时期，都有作家把学生比作极具吸收力的海绵，能够吸收他们所接触到的各种知识。在另一些时期，学生则被视为学会了如何挑战现状的反叛者。

为了更好地理解这些关于学生的相互冲突的思想，我们从今天仍然活跃着的三种最深远的教育传统入手，探究其中的学习和学生的基本模式。追随者、对话者、朋友、门徒和/或受益者，学生的这些不同形象正与这些最重要的教育传统有关。第一组是孔子的追随者，他们在一个动荡的时代听老师传授礼仪、正统和何为良好生活。第二组是苏格拉底的对话者，他们学到了一种强大的提问方式，这种提问方式塑造了哲学和批判性思维的历史。第三组由门徒构成，耶稣是他们的导师，他们恪守耶稣指引的路。这三种学生的基本模式贯穿了整个西方历史，并在现代与关于人类自由的几种不同观念关联起来。

●

作为一个哲学传统，儒家思想是千百年来东亚教育体系和教育实践的基石。每一代学者根据政治、经济环境的变化，对儒家思想做出一定调整，有时甚至与当时当地的统治者持相反立场。今天，新儒家（Neo-Confucianism）不仅在中国国内得到认可，也在亚洲乃至全球范围内的自由主义者和社会变革倡导者中得到支持。孔夫子（"孔"为氏，"夫子"为尊称，并在17世纪被拉丁化为Confucius）生活在公元前551年至前479年。孔子出生于一个没落的贵族家庭。由于父亲在他三岁时去世，孔子在贫困中长大。关于孔子早年的种种说法实在难以分辨真伪，但据说他在很小的时候就因对求学的执着而出名。在公元前540年，富人和贵族应当修习六艺：礼、乐、射、御、书、数。学者还应通晓经典，特别是诗歌和乐曲。学习这些技艺不仅意味着学习某项具体技能，还意味着个人的自身修行，即学习掌控自我。这正是孔子希望遵循的道路。

孔子的家庭从贵族阶层跌落到"士"，这意味着年少的他虽然与精英文化传统有所联系，但却缺乏基于这种联系来改善自身处境的现成手段。在克服贫困带来的种种不利因素、学有所成之后，孔子着力培养了一些使自己能够被当权者任用的技能。当时他的家乡鲁国已经经历了多轮政治动荡，政治精英们为权力争斗不休。在此过程中，小诸侯和军阀们开始寻求士这一阶层的帮助，因为士阶层所受的教育和掌握的文化知识对稳定政权和管理税收大有裨益。士在某种程度上能够建立规范，哪怕建立的不是新规范。他们能够找到解决纷争的方法，能从历史中找到依据，也能给出如何行动的合理建议，甚至最终将其变成法律，帮助构建合法性和稳定性。

尽管孔子确实很重视通过法律建立合法性（他曾担任过官职），但条文主义（legalistic）并非他的教育理念。他更希望探索一条个人与其身处的社群和谐相处的进路，这里所说的社群包括传统和祖先。他一生的大部分时间都投身于重新诠释美德、和谐和传承等理念，松绑它们与家庭爵位的紧密关系，转而强调其与个人信念及行为的符合。由于缺乏爵位和军事力量的庇护，他只能非常小心，甚至谦逊地推进这一事业。

在成为一名"大师"之前，孔子曾在鲁国担任掌管刑狱的大司寇。与当权者关系破裂之后，他选择自我流放。我们无法确定他离开鲁国是因为站错了队，还是因为对自己服务的上级失去了信心。但可以确定的是，齐鲁之间时有龃龉。鲁国卿大夫季桓子专权，打破了传统的礼乐秩序。我们能看到的最早的资料含糊其辞地说："齐人归女乐，季桓子受之，三日不朝，孔子行。"[1]

礼的仪式中出现了问题，孔子不再担任公职。家族之间的争斗越来越激烈，"三桓"权势凌驾于鲁公之上，孔子的学生子路谋划了削弱三桓实力的"堕三都"计划。这场政治博弈对相关家族和盟友造成了灾难性后果，孔子可能也牵连其中。孔子是一位倡导和谐和稳定的教师，但生活在这样动荡的政治环境中，想要建立新的合法性模式或是促成斗争各方达成共识似乎都是不可能的。与传统的联系至少已经在公共生活中破裂。我们所熟知的儒家思想，正是在这一时期形成的。总之，无论是否出于自愿，孔子都放弃了政治生涯，带着一群弟子踏上了周游列国的旅途。

●

公元前5世纪90年代初，时年五十余岁的孔子开始了游历和教学生涯。当时的他几乎已不用承担传统的家庭责任——父母已逝，子女也已长大成人。孔子的学生们有一个朴素的愿望：能和老师交流。关于这些谈话最可靠、编纂与谈话发生时间最近的资料正是《论语》。此书据说由孔子的弟子及其再传弟子编纂，并在孔子去世后的两个世纪中不断修订。与老师谈话被视为一种感召（vocation）和乐趣，并可以随着实践而不断深化："学而时习之，不亦说乎？有朋自远方来，不亦乐乎？人不知而不愠，不亦君子乎？"[2]君子是有深厚学养的绅士，是精习六艺、生活和谐、正直且有社会地位的人。即便其才华未被认可，特别是在政治上不被认可，也不会闷闷不乐。就像孔子那样，君子不会因政治上的挫折影响自身的生活方式，他的生活重心在于学习和与他人交流。

君子还通过"礼"来认识传统。所谓礼，就是"从以前传承下来的仪式（包括正式和非正式），从政治礼仪到宫廷典礼，从宗教仪式到乡村庆典无所不包"。[3]与他人的日常交往是礼的一部分，一个人如何独处也是礼。

学习和践行礼的核心目的是激发每个人内在的潜能，即每个人的"德"。践行六艺可以培养个人之德，从而养成一种实践智慧。这种智慧以道德的自我修行为基础，同时具有影响他人的力量。孔子同时强调两个方面，一是自我修养，二是自我与他人、与社会的关系。他认为，个体潜能的实现既与其所处的历史环境有关，也和与其互动的人紧密相关。养成了的德具有感染力，将有助于在社群中营造更加和谐的氛围。

和谐是孔子本人和其教导的核心。通过平衡差异而非消除差异，人才能创造出好的食物、好的对话、好的社区、好的自己。当所有这些方面都通过个人的品格和与他人的互动达致平衡时，才能称得上"仁"。"仁"有多种译法，仁爱（benevolence）、人道（humaneness）、良善（goodness）。正如《论语》的一位评论家所言，仁是"事物相互适应的有价值、可理解的方式"。[4]

孔子决定卸下官职离开鲁国时,在他和他的追随者们身后,是一个充满混乱和暴力,与传统和社会的联系飘摇欲坠的政治环境。实在难以期待他们周遭的世界会变得更好。当然,他们从未完全脱离政治和公民责任,相反,他们的对话常常涉及这些话题。不过孔子的身份已经从官员变成了教师,正是在这过程中,孔子开创了一条教育之路。路,或说"道",正是儒家思想中的一个核心概念。沿着"道"走向"仁"的过程就是教育的过程。这既是个人的教育,也是志在和谐的团体教育的一个方面。

关于跟随孔子游历的弟子人数,不同史料说法不一,从几十到几千不等。子贡、子路和颜回是其中三位弟子,分别代表了学习和追随的不同方式。在儒家传统中,这三位弟子被视为学生和教师的典范。[5]

子贡是《论语》中孔子的重要对话者之一。子贡比孔子小三十一岁,既是一位成功的商人,也担任过外交和政治职务。他一直关心如何将孔子关于何为良好生活的普遍教导,应用于商业和政治的实际需要。尽管子贡素以口才出众著称,但他的老师经常指出他的不足,提醒他即便言辞再精妙、行动再严谨、模仿实践再完美,也不能代替反思和理解。

作为一个富于商业和政治经验的成功人士,子贡特别擅长评点人物。传统上,他一直被认为是能轻松掌握各种技能、有效适应各种情况的人。但同时也被认为欠缺耐心和打磨,因此难以成为深具正直和智慧的君子。世俗上的巨大成功促使他追求更大的世俗成就，忽视了难以真正发挥自身潜能这个隐形代价。尽管孔子和这位政治家/商人弟子交流的次数比与其他任何弟子都多，但孔子还是将这位活力四射的学生比作"器"，并告诉他君子不应该仅仅是"器"。[6]有人认为，这说明子贡缺乏创造力和主动性，但我们必须注意，孔子毕竟把他比作一种非常特别的"器"，那就是在宗庙中盛放祭品的器。孔子还说"赐也，始可与言诗已矣"，似乎只有子贡深刻理解了那些古老诗歌中的一些关键教诲。[7]

子贡有时因对他人评价过苛而被老师责备。这位学生竟被骂是一个过于严厉的老师！有一次，子贡刚发表完一通对别人的评价，孔子说："赐也贤乎哉？夫我则不暇。"不过，孔子有时也会直接批评他。他们之间最广为人知的对话之一，是子贡说："我不欲人之加诸我也，吾亦欲无加诸人。"孔子回答说："赐也，非尔所及也。"[8]在孔子眼里，子贡是那种上课认真、阅读扎实，但欠缺真正洞察力和同理心的学生。子贡是在引用老师对"恕"的讲解"己所不欲，勿施于人"，但他的老师怀疑这位商人学生没能真正理解"恕"的原则落实在生活中的具体含义。子贡似乎是那种特别擅长写论文、拿高分，但还缺乏把所学真正在生活中践行所需的内在力量的学生。孔子时而鼓励、时而批评，引导这位成功且务实的学生拓展自己的道德想象力（moral imagination）。[9]孔子对学生的成长抱有期待，但也理解每个人都有其限度，因此从不对学生设定过高的期望。

如果说子贡的缺点是对他人太早下判断，那么子路的缺点就是做事着急、容易冲动。孔子的这位学生以勇敢鲁莽和对老师无人能及的忠诚著称。子路知道这点，所以满怀期待地问老师，如果需要人领兵打仗，对抗大军，您会选谁？结果孔子回答说："暴虎冯河，死而无悔者，吾不与也。必也临事而惧，好谋而成者也。"虽然这番话是委婉批评子路，提醒他距离成为一个有德之人还有很多工作要做，但孔子很喜欢这位直率果敢的行动派学生，深知没有人比他更愿意为师长献身。孔子和子路说话时常显得很严厉，但这种直接的表达实则是出于深厚的喜爱。这种教学方式也正是子路需要的，能够帮他更好地学习。孔子会根据学生的具体需要来调整教学策略，有时鼓励他们勇往直前，有时拉住他们，使之走慢一点。孔子在一次对周遭道德崩坏的世界感到绝望时，豪言："道不行，乘桴浮于海。从我者其由与？"我们可以想见子路听到老师这番话的喜悦。然而，孔子随即话锋一转，说子路"好勇过我，无所取材"，意即我该到哪里去寻找真正合适的人才。[10]有评论者认为这是孔子对子路善意的调侃，点拨他仅靠勇敢忠诚还不足以成事。《论语》告诉我们，勇气必须与旨在培养仁的实践相结合，才能沿着正道而行。

孔子一直担心子路之勇将为他招来杀身之祸——最终不幸言中。子路违背了孔子的教诲，从自修转向从政，担任了卫国的蒲邑宰。在一次叛乱中，子路虽英勇却考虑不周，最终因试图救主而牺牲。

子路是那种需要批评的学生，孔子也确实给了他批评。这位才华横溢的学生有固执的毛病，孔子试图引导他将那股犟劲用于更有教育意义的方向，而非危险的冒进。听到孔子对子路的批评，其他学生难免沾沾自喜，以为自己比这位急性子的同门更优秀。对此，孔子也会设法纠正他们的这种想法。子路虽未达到理想的境界，但他有志气、有定力，一直走在正确的路上。他对老师敬重有加，而孔子也感激他的忠诚。这种忠诚虽不等于智慧和仁爱，但却是学生向良好生活靠拢的一个重要维度。孔子希望子路和其他弟子明白，美好的品质只有与修身和学习相结合，才能真正达到仁的境界，成为君子。他告诫道："好仁不好学，其蔽也愚；好知不好学，其蔽也荡；好信不好学，其蔽也贼；好直不好学，其蔽也绞；好勇不好学，其蔽也乱；好刚不好学，其蔽也狂。"[11]在此，孔子指出，热爱学习意味着始终保持开放的态度，愿意随时调整或改变方向。如果态度傲慢或盲目自信，缺乏做学生应该具备的好学之心，那么对善的追求也可能得到坏的结果。

如果说子贡善经商、子路善打仗，那么颜回就是那个因最好学而打动老师的学生。"有颜回者好学，不迁怒，不贰过。不幸短命死矣！今也则亡，未闻好学者也。"颜回比孔子年轻约三十岁，常被视为其最钟爱的学生。孔子最接近批评他的话，也不过是说："回也非助我者也，于吾言无所不说。"但更多时候，孔子都对这位年轻弟子的领悟力和向道之心赞叹不已。在师徒对话中，颜回总是静静地听着，从不与老师讨论。最开始，孔子还拿不准这位小弟子到底学得怎么样，但"退而省其私，亦足以发，回也不愚"。[12]这位出色学生不但头脑吸收了老师所讲的内容，还真正听进了心里。

颜回体弱，孔子对他的健康深感忧虑。尽管颜回曾戏言，老师还健在，弟子怎么敢先死，但这位年轻人最终还是夭折了。孔子悲痛至极，仰天大哭："噫！天丧予！天丧予！"弟子们纷纷劝道："子恸矣！"提醒孔子不要"过礼"。但孔子回答道："有恸乎？非夫人之为恸而谁为？"师生情深，可见一斑。[13]

正如杰出学生经常启发老师，颜回那种对学习的纯粹热爱也深深打动了孔子。与子贡和子路不同，颜回既不追求物质财富，也不追求打仗获胜。颜回深知，学习之乐是与商业或战争之乐完全不同的。颜回虽已"近道"，但始终生活在贫困中，他体会到学习作为自我修行、作为追求道的过程是永无止境的。"颜渊喟然叹曰：'仰之弥高，钻之弥坚；瞻之在前，忽焉在后。'"[14]颜回深谙我们今天所说的"终身学习"之道。

颜回没有在实际事务上取得任何成功，一生也特别短暂。但他的好学使他成为儒家教育中永远的楷模。颜回终身学习，这里的"学习"就是沿着"道"走，而不是抵达任何确定的终点。最优秀的学生都知道，老师和自己一样，也行走在这条"道"上。真正的良师不求到达某一境界，只求不断学习。正是这一点使学生能沿着老师的工作继续走下去，有时甚至蹚出不同的路。"当仁，不让于师。""君子和而不同，小人同而不和。"[15]好学的君子无须模仿他人，就可以与他人和谐相处。这意味着有德之人既能成为学生，也能成为老师。正如我们将要看到的，这种忠诚与独立兼备，既能与师友和谐相处又能保持批判性的学生，在全球不同地区、不同时代都受到推崇。

●

苏格拉底生于公元前469年，正是地球另一端的孔子去世的几年后。他的父亲是石匠，母亲是助产士。苏格拉底一家住在雅典的阿洛佩斯（Alopece），该地的传统是所有男性都要接受基础教育，以为未来参与公共生活做准备。和孔子一样，苏格拉底接受了比常人更全面的教育，包括音乐、诗歌和体育等高级课程。父亲也把自己的手艺传给了他，但没有资料显示他实际用过这门手艺，除非你把他和别人在市场上对话算在内。多方资料显示，他常在集市（Agora）附近逗留，与那儿的年轻人有序地讨论大大小小各种话题。包括柏拉图在内的其中一些人成为他的学生，或者至少在日后宣称苏格拉底为其师。

和孔子一样，苏格拉底也生活在动荡不安的时代。彼时的雅典——这座由男性公民统治的民主城邦——正深陷于与南方的斯巴达旷日持久的战争，和东边的波斯也冲突不断。除了休战期，雅典与斯巴达的伯罗奔尼撒战争从公元前431年一直打到公元前404年。苏格拉底在军事上的表现使他获得了忠于祖国的名声，但也让他在未来领导人的心中留下了有争议的印象。这位哲学家的一些学生和朋友投向了斯巴达阵营。

斯巴达获胜后，在雅典建立了一个被称为"三十僭主"的寡头政权。虽然有其他希腊城邦提议摧毁雅典，但斯巴达人觉得通过寡头统治，既可以保留这个城邦的积极方面，又能确保它不再对邻国构成威胁。三十僭主统治时期充斥着诽谤、土地兼并和处决，极为残酷。仅仅八个月之后，僭主统治就被推翻。

苏格拉底和三十僭主中的某些人有密切交往，但他们却颁布法令，禁止他在集市上和人对话。尽管如此，这位爱智者在雅典战败后还是没有逃走。后来僭主统治被推翻，这一点又被别人拿来攻击他。经年累月的战争、残酷的政治斗争、数以千计的处决，这些都使雅典人渴求和平的出路。他们宣誓宽恕过去的错误，至少宽恕政治错误。苏格拉底后来被指控犯有其他罪行，包括腐蚀青年和对神不敬。毫无疑问，后来雅典人对苏格拉底在集市的那些对话的看法，受到了早年政治和军事动荡的影响。

虽然哲学家们常谈起"苏格拉底问题"，但其实我们关于苏格拉底的许多认识都来自后来哲学家的诠释，他们将自己的思想投射于他。苏格拉底不曾著书立说，只是在和他人的对话中不断推进其思想。尽管我们习惯于把这些对话者视为他的学生，但必须注意，苏格拉底（和孔子一样）曾明确表示自己并无特定教诲可授。

不过，就我们的关切来看，苏格拉底无疑在引导年轻男子们（偶尔也包括女性）开展哲学讨论，使他们在对话中认识自我和自我与世界的关系。同样清楚的是，苏格拉底最珍视的就是这些与年轻人的对话，甚至超过他自己的生命。

做苏格拉底的学生意味着什么？让我们再次聚焦三个例子：色诺芬、柏拉图和雅典公民。色诺芬以军事成就著称，他视苏格拉底的教导为通向美德生活之路。柏拉图被誉为西方哲学史上最伟大的老师，他为自己的老师塑造了不朽的文学形象，并以此作为无穷的哲学资源。第三个例子并非单个学生，而是一群被苏格拉底认为需要教育的人。他们判处有意成为他们师者的苏格拉底死刑，而这无意中为后人留下了一个影响力延续至今的教育遗产。

色诺芬初次遇见苏格拉底时，苏格拉底问他哪里能买到商品，色诺芬如实回答。随后苏格拉底又问哪里可以提升灵魂，色诺芬一时语塞。苏格拉底，这位色诺芬未来的老师说："跟我来，去集市那儿讨论吧。"

提升灵魂的问题正是苏格拉底事业的核心所在。色诺芬在《回忆录》(*Memorabilia*)中写道："我从未见过有人比他更想要弄清自己的同伴到底知道什么。"[16] 初看之下，苏格拉底似乎是慷慨对话者的典范。他总是表现出"关于我已经谈得够多了。你呢？你怎么看？"的态度。然而，苏格拉底对他人知识的兴趣背后隐藏着锐利的锋芒。据传，苏格拉底在访问德尔斐神庙后转向哲学，因为那里的神谕告诉他，他是世上最智慧的人。这怎么可能呢？苏格拉底问道。于是他向身边那些被认为很有智慧的人寻求答案。在质疑"他的同伴"，试图弄清他们到底知道什么的过程中，他揭示了那些人其实根本没有智慧。苏格拉底对他人所知的好奇是被怀疑驱动的，怀疑那些人并不真的知道他们认为自己知道的事。我们逐渐明白，德尔斐神谕指的正是这一点，与其他人相比，苏格拉底至少知道自己的无知。

在相当一段时间内，色诺芬是苏格拉底的主要对话者之一。这位军人在雅典附近一个富裕的家庭中长大，接受了良好的教育。作为骑兵阶层（equestrian class）的一员，色诺芬擅长骑马和狩猎，生活相对自由。得益于家族庄园由小股东们管理，他在从军前就学会了如何管理这类资产。这一技能在他退伍后立刻派上了用场。他的军事生涯极为辉煌，曾在一次远征波斯失败时被战友推举为指挥，随后成功撤退，挽救了无数生命。在返回希腊的征程中，他毫不犹豫地铲除了所有阻碍，甚至不惜与昔日的对手结盟、与自己家乡的敌人合作，就像他在为斯巴达作战时的表现那样。雅典将这位杰出的将军流放，但他归附的斯巴达却给了他一个大型庄园，使他能撰写关于自己军事壮举、政治权力甚至马术的文章。同时，他也描绘出他的老师兼好友苏格拉底的生动形象。

色诺芬是一个注重实际的人。与柏拉图笔下的苏格拉底不同，色诺芬描绘的苏格拉底更关注日常生活和通过普通问题进行推理。在这位将军的叙述中，苏格拉底并不热衷于寻找放之四海而皆准的原理，而是更倾向于为处理具体问题的人提供实用的建议。色诺芬的这位集市中的老师也希望他的对话者们明白，通过更好地应对这个世界，他们就可以成为更好的人。自制是一个反复出现的主题。苏格拉底激励他的对话伙伴们从辛勤工作中学习，从成功的辛劳中收获快乐和知识。幸福会随着成功完成一项困难任务过程中的学习而到来。"在农业领域,神最青睐的是那些精通农事的人;在医学领域,是那些精通医术的人;在政治生活中,则是那些精通政治事务的人。"[17]是否有些任务本质上优于其他任务?哲学是否胜过战车竞赛?色诺芬的苏格拉底选择了哲学,但也曾提到,如果自己是一名战车驭手,观点或许会有所改变。

显然,色诺芬借苏格拉底之口,阐述了自己对掌握生活实务的见解。这位将军信奉从必要性中学习,强调实践的重要性,并坚信通过自制和专注手中的事务,人可以提升自我。他笔下的苏格拉底同样秉持这些信念。色诺芬描述了他的老师如何在与名媛狄奥多特(Theodote)的对话中巧妙地将这些信念推到极致。在《回忆录》前面的章节中,苏格拉底已与画家、工匠和盔甲制造者交流过。现在轮到了美丽的狄奥多特,她用给男性的愉悦换取金钱支持,并且确实得到了很好的支持。当苏格拉底听他的一位学生说狄奥多特的美貌胜过诸多事物,甚至包括言语时,他以轻松的口吻说:"我们得亲自去看看她。既然那种美超越了言语,那光凭听肯定是无法理解的。"[18]

一见到狄奥多特,苏格拉底就与随行的年轻人讨论起她:是狄奥多特从被喜爱中获益更多,还是那些男人从对她的喜爱中获益更多?苏格拉底本人生活简朴,却留意到狄奥多特的奢华——精美的服饰、周到的随从。他好奇地问:"她的财富源于何处?"她答道:"若有人成为我的朋友并愿意善待我,他便是我的生活来源。"苏格拉底接着问她是如何让那些男人成为她的朋友,心甘情愿地追随和支持她?蜘蛛织网以捕食,猎人设陷阱以捕猎。狄奥多特反问道:"那么,我又是用什么'网'来捕获人心的呢?""这确实是一张非常缠人的网:你的身体。而且其中还有一个灵魂,通过它你学会了如何用眼神取悦他人,如何用语言让人欢喜。你还知道要愉快地接纳那些专注的人,同时排斥那些被宠坏的人。"苏格拉底这样回答。在这里,苏格拉底指出,狄奥多特必定是一位极具吸引力的朋友猎手。而狄奥多特注意到苏格拉底也有许多追随者,因此将这一点反过来指向他。也许他能为她物色合适的朋友!哲学家有时被称为媒人,而她半开玩笑地邀请他做她的皮条客。[19]

苏格拉底回应狄奥多特,承认自己确实有爱情咒语,然后对他们对话的核心补充道:试图吸引那些不需要你所提供之物的人是无意义的。换言之,试图吸引那些没有欲望的人是徒劳的。饱足的人即便面对美食也会转身离去。无论是哲学的还是身体的愉悦,都必须等待合适的时机,直到潜在的朋友产生欲望:"对于那些已经满足的人,既不要接近他们,也不要提醒他们,直到他们不再满足、重新产生需求时再行动。……这时,要用最亲近、最得体的方式提醒他们,表示愿意满足他们,然后立刻离开,直到他们如饥似渴。因为同样的礼物,通过这种方式给他们和在他们渴望之前就给他们,效果大不相同。"[20]

色诺芬难道不也是在阐述教育的价值吗?唯有人们意识到自己需要学习,唯有人们开始正视自己的无知,他们才会产生对于教育的渴望。这就是他们成为学生的时刻。苏格拉底和狄奥多特一致认为"能否按照人的本性并以正确的方式接近一个人，对效果的好坏至关重要"。[21]求知的饥渴和对自己不足的认识，会引领人们走向那些充满关怀的教师的馈赠。

对自身无知的认识，正是柏拉图描绘的苏格拉底形象的核心。这位哲学奠基人的经典形象是通过不断追问，使人们意识到自己的信念并无坚实基础。当然，柏拉图笔下的苏格拉底确实提出了一些学说，柏拉图哲学也涵盖了从宇宙学到伦理学等各类议题。但同样真实的是，西方哲学历史上的每一个流派——无论是最斯多亚主义的学派，还是最主张享乐的学派——都能追溯到苏格拉底及其弟子。质疑，即后来所称的"苏格拉底方法"，是这些传统的共通之处。我们将在探讨柏拉图如何描述其导师时着重讨论这一点。

在柏拉图的对话录中，苏格拉底常常询问他的对话者，他们是否真的如自己所表现的那样确信。有时他会探究他们是否真正理解自己使用的词语，他们宣称的权威或专家是基于知识，还是仅仅出于习惯和幻觉。苏格拉底的学生们并非唯一被质疑的对象。苏格拉底似乎向任何遇到的人提问！不过，那些有心的学生也会从老师对别人的提问中学习——观察老师如何与他人交锋、如何让对方无论情愿与否都不由自主地接受教导，以及别人如何领悟到自己曾经的确信并不牢靠。

在那场决定命运的审判中，苏格拉底声称他的"首席原告"雅典人嘲笑他的质疑之法。雅典人因被揭露无知而感到尴尬，编造出一种虚假且恶毒的形象："说有个叫苏格拉底的智者，揣度天上的奥秘，钻研地底的秘密，使坏事看起来更合理。"[22]苏格拉底反驳道，事实是，自己从未在任何程度上讨论过这些话题。此外，他还在自我辩护中指出，他从未以收费的形式教导学生。

的确没有，但苏格拉底引以为傲的是对自身无知的觉知，以及揭露他人无知的能力。他认为自己优于那些被他质疑的人。苏格拉底指出："他们的错误（对自己的知识过度自信）掩盖了他们的智慧。"在柏拉图的《申辩》（Apology）中，苏格拉底向那些决定他命运的公民们描述了自己的"微小优势"——让学生们看到自己的无知。学生们从中学到了一些极为重要（或许还有点危险）的东西：金钱不会使你智慧，权力不会使你高尚。拥有金钱和权力或许能够提高你在他人心目中的地位，但苏格拉底的质疑揭示，这种尊重的基础其实脆弱如沙。在柏拉图的对话中，苏格拉底表示，揭露他人的无知是为了履行对神谕的义务。他向人们表明，许多宣称自己有知识、看似智慧的人，其实并不知道自己在谈论什么。按照苏格拉底的说法，这是他的职责，而且年轻人也"喜欢听他对那些假装有智慧者的盘问，这件事本身就很有趣"。[23]不过显然，不是所有人都觉得有趣。

我们很容易理解那些尊贵的雅典公民的敌意，他们发现自己在一群年轻人面前暴露了无知，而这群年轻人热衷于从看"上等人"出糗中找乐子。毫无疑问，苏格拉底自己不用支持任何立场，只需要指出其他人立场的错误就可以显得"智慧"，这实在令人恼火。正如智术师色拉叙马霍斯（Thrasymachus）指出的那样："苏格拉底总是这样。他自己从不肯给出答案，而只是拆解别人的答案。"公元前5世纪下半叶，智者学派的教师们游走于希腊各城邦，向年轻人传授修辞和论辩的技艺，收取学费。后世的哲学家常把他们描述为只追求说服别人，而不追求知识或智慧。柏拉图笔下的苏格拉底对智术师们持批评态度，认为他们过于看重言语和辩论的力量，这些技能很容易掩盖对原则和目标的无知。在《理想国》（*Republic*）第一卷中，顽强的色拉叙马霍斯被几个年轻人激怒，因为他们一直被苏格拉底的话拽着走，还乐此不疲，哪怕苏格拉底已经在没有提出自己观点的情况下破坏了他们对正义的看法。色拉叙马霍斯反驳道："这就是苏格拉底一贯的反语法。我早就知道……人家问你问题，你（苏格拉底）不愿给出答案，宁可用反讽、用其他任何法子，就是回避正面回答。"随后当苏格拉底质疑色拉叙马霍斯对正义的定义（"正义就是强者的利益"）时，色拉叙马霍斯抱怨苏格拉底"以最不利于论点的方式解读词语"。[24]苏格拉底为自己辩护，最终色拉叙马霍斯平息了情绪。

苏格拉底的质疑不仅关乎社会声望，也牵涉到更深层的利害。在古雅典，"虔敬"（Eusebia）的观念——虔诚和遵守社会风俗的结合——是公民们理解公民责任的核心。在履行公民责任、举行维系日常生活的各种公民仪式中，许多事情是"不言而喻"的。忠诚意味着维系与自己所属群体——家庭、部落、城邦的联系，而这种忠诚是虔敬的重要组成部分。然而，这种忠诚在苏格拉底所生活时期的政治和军事冲突中受到了严峻考验。在与斯巴达的战争期间，除了色诺芬，还有其他与苏格拉底有关联的人也被认为对敌人抱有同情，甚至是为敌人而战。阿尔喀比亚德（Alcibiades）就是这样，据说年轻的时候苏格拉底救过他的命。在伯罗奔尼撒战争期间，阿尔喀比亚德先是投向斯巴达一方，之后又叛逃到波斯，最终又回到雅典。那些以"腐蚀青年"罪名审判苏格拉底的雅典人都记得，他的某些学生的确轻易抛弃了虔敬。是不是苏格拉底只教会了这些年轻人用反讽的方式"拆解"城邦的传统智慧，却没有给他们另一个忠诚的理由？做苏格拉底的学生，是否意味着你不再需要对任何事物保持忠诚？

柏拉图的《游叙弗伦》（*Euthyphro*）明确处理了忠诚和虔敬的问题。苏格拉底在去应对关于他"不敬"指控的旅途中，遇到了游叙弗伦，后者正要去法庭控告自己的父亲导致仆人死亡。苏格拉底佯装钦佩游叙弗伦能够出于最好的虔敬之故控告自己父亲，并以反讽的口吻向游叙弗伦请教虔敬之道，以便他自己能更好地回应不敬的指控。两人随后的对话显示，年轻的游叙弗伦其实并不清楚如何定义虔敬（他声称虔敬即神明所喜之事），因此他对虔敬的实践也不值得信赖。希腊语中euthyphro意为"正直的思想者"。这使得这篇对话尤为讽刺，因为那位过度自信的年轻人绕来绕去，不得不反复回到他那明显不足的虔敬定义上。

《游叙弗伦》的部分趣味正在于其主角的愚钝——他的过度自信不断显示他自身的不敬。在苏格拉底看来，过度自信并非小事，而是人类的根本缺陷，正是它阻碍了学习。通过认识自己的无知来学习，这是做学生的重要意涵。事实上，这也是人类的一项重要能力。可怜的游叙弗伦，他近乎滑稽的智力傲慢使他成为学生的反面典型。他似乎对学习免疫。要真正接受学习，人必须放下或至少削减自以为是的确信。[25]

此处苏格拉底的反讽比乍看起来的更加微妙。确实，作为读者的我们能够看出游叙弗伦的自负，他对自己太确信了，以至于与一位堪称大师的老师交流，都未能改变他。那我们呢？我们阅读这篇对话，是否只是为了嘲笑游叙弗伦的愚钝，觉得自己高人一等？这种阅读可能带给我们一种虚幻的自信：至少我们不像游叙弗伦那样糟糕。在阅读过程中，学生们很容易站在苏格拉底一边，但这可能反而滋生了一种虚假的智力自信——而站在苏格拉底一边本该意味着防止这种自信！在这篇对话中，我们始终没能得到令人满意的虔敬定义，那我们该如何摆脱游叙弗伦所陷入的循环呢？当我们沉迷于嘲讽坏学生的窘境时，或许未曾察觉，自己与他其实并无太大差别。[26]我们该如何将苏格拉底的质疑之法反向应用于自己，成为比游叙弗伦更好的学生？这样做对我们而言又意味着什么？

许多世纪以来，对这些问题的评论都强调，自我质疑及其带来的智识谦逊都是作为一种开放性探究过程的学习的核心要素。在柏拉图《理想国》第七卷，苏格拉底通过著名的"洞穴隐喻"阐述了这一过程中的挑战。他把我们比作洞穴中的囚徒。我们被锁链束缚，只能朝一个方向看，在那里我们看到了事物投射在墙上的影子。由于这是我们唯一能看到和知道的东西，所以我们把这些影子当成真实的事物，而非虚幻的投影。当引导我们注意力的传统方式无法揭示事物的本质时，当我们看错了方向时，哲学教育帮助我们知晓这一点。苏格拉底强调，这种教育必须克服我们感官的习惯，我们的感官太容易把影子误认为现实，并抗拒看到事物的真实面貌。我们甚至可能害怕乃至惩罚那些看清真相的人，把他们视作威胁，因为我们自身仍在洞穴的阴影中生活。

柏拉图笔下的苏格拉底认为，真正的学生会努力从影子的世界、表象的领域中提升。这与那种仿佛知识可以"直接放入原本没有知识的灵魂中"的简单"求知"不同。真正的教育需要认识到每个人的灵魂都潜藏着学习的力量，而每个人学习的工具就像那只唯有以整个身体发生转动为前提，才能从黑暗看向光明的眼睛。[27]关于"整个灵魂"的教育意味着转离表象，朝向善好（the good）。对柏拉图的苏格拉底来说，这种转向只有在人意识到自己一直关注的是错误的东西、承认自身的无知时才能实现。[28]相比之下，色诺芬认为他的老师苏格拉底是一个既能揭示他人的虚妄，又能帮助对话者在日常生活中获得洞见的人。跟随色诺芬的苏格拉底学习，你无须远离自己的日常职责，只需改变注意它们的方式。柏拉图的苏格拉底则是一位带着危险信息的老师，而这位其最著名的学生柏拉图则希望以把这个危险信息从行动的中心带走的方式来保护它。无论如何，正是柏拉图把哲学实践从喧嚣的集市转移到了宁静的学院，以使学生们可以更安全地专注于哲学问题。柏拉图是一位把老师看作揭示他人无知的高手的学生，也是一位认为老师是指引人们从洞穴般黑暗的日常生活走向更真实、更善好之地的哲学大师的学生。在柏拉图的对话录中，并非每一位对话者都从苏格拉底那里学到了东西。这些对话的读者才是真正的学生，可以在学院中更安全地学习的学生。

苏格拉底的学生不仅限于那些与他对话、撰写关于他的著作或阅读相关著作的人。这位典范教师把雅典的公民们也视作自己的学生，或者说至少在他们把他送上法庭时，他不得不这样看待。在与斯巴达、波斯交战且国内民主制度被推翻的艰难时刻，这座曾经以强大而审慎的自治能力为傲的城邦面临着严峻考验。苏格拉底成了理所当然的攻击目标。柏拉图的《申辩》记了苏格拉底在五百名公民同胞组成的城邦陪审团面前的自我辩护。色诺芬也描述了这场辩护，刻画了一个好斗的苏格拉底，甚至敢于让陪审团判他死刑，同时强调自己优于他们。柏拉图笔下的苏格拉底并未逼迫陪审团做出决定，但也没有为自己的哲学实践道歉。他没有如人预期地恳求宽恕，而是辩称让这种哲学实践继续下去会有利于城邦。或许，其实是柏拉图想要让他的读者们相信，任何共同体都应该为拥有这样一位公共哲学家而庆幸，是他促使成员们更清楚地了解什么是他们知道的，什么是他们不知道的。

苏格拉底确实担任过光荣的军职，但他的名声来自对雅典知名人士的公开质疑，这一点无疑为陪审团所熟知。柏拉图的苏格拉底毫不掩饰他对名声的怀疑："我发现那些名望最高的人其实最不智慧，那些被认为低劣的人反而更有学识。"

这种观点本身就很可能被合理地视为对"虔敬",即城邦传统的颠覆。然而,苏格拉底为了避免对城市名流的轻蔑被误解为不敬,他声称自己揭示他人无知的使命其实来源于对神的遵从。正是神谕促使他揭示"人类的智慧几乎或毫无价值"。"我四处寻找任何我认为智慧的人,无论本邦还是外邦。而我每发现一人其实不是,就为神添了一个佐证。"苏格拉底试图让他的同胞相信,哲学实践是一种更高层次的虔敬。诗人、修辞学家、政治家和工匠们,都因被他揭示了自己的无知而愤怒。苏格拉底并不自称拥有更深刻的见解,只是揭示其他人也没有,且对此毫无歉意。他坚称,那些因被他揭示无知而产生的愤怒,只是又一次证明了他遵从神之旨意的价值。[29]苏格拉底真的期待陪审团接受这种对哲学生活方式的辩护吗?还是说这只是柏拉图在向未来的读者——那些将要学习质疑技艺的学生们——发出的一种呼吁?

坐在法庭上的雅典公民们或许会期待苏格拉底恳求宽恕,因为这类审判通常如此。但他们却听到了一位不屈的哲学家宣称自己会遵从神的旨意继续质疑下去,即便为此死亡也无惧。他告诉同胞们,既然我们不知道死亡之后是什么,那么畏惧它就是愚蠢的。[30]他戏谑地跟陪审员们说,与其处死他,不如考虑把他放在英雄的行列,入住普里塔涅昂(Prytaneum)*享受免费餐食。但他也厉声警告,预言这座城邦终有一天会为此付出代价,因为他们阻止了对那些有钱、有

---

* 古雅典公费赡养为城邦做出过突出贡献的人的地方。

名、有权之人智识和道德虚伪的揭露。

柏拉图的苏格拉底并非在为自己求情，而是在强调哲学家对国家的价值。他半开玩笑地说自己是献给同胞们的礼物："我被一位神灵安排到这座城邦……如同附在一匹伟大而高贵的马身上，这匹马因体型庞大而略显迟钝，需要一只牛虻来蜇它。"他坚持认为，如果他们不放过他，将难以找到替代者。他们当然没有，但苏格拉底坚持抗争："如果你们以为通过杀人就能阻止他人指责你们未按正确的方式生活，那就大错特错了。"[31]或许"抗争"一词并不准确，因为这位哲学家不仅接受了陪审团的判决，而且拒绝逃避死刑。他并非简单地拒绝雅典的虔敬，而是试图通过引导同胞反思自身行为来改善它。直到生命的最后一刻，他都在向环绕着他的学生们解释为什么自己必须接受判决，不能逃避死刑。在生命的最后时刻，学生们环绕着他，这位被判刑的哲学家重申了辩论、对话，以及通过接受城邦裁决来保持公民身份的价值。

柏拉图的对话录旨在使读者成为学生，用可以揭示无知的质疑和论证武装他们，同时宣扬对作为一种生活方式的哲学的忠诚、对一个有可能从这种生活方式中获益的城邦的忠诚。

拿撒勒的耶稣也生活在动荡的时代。公元前1世纪，巴勒斯坦处于罗马的统治之下，罗马对犹太人施加了沉重的压迫。犹太民族历经多次外族入侵和占领，曾不得不在公元前200

年前后重建被毁的耶路撒冷圣殿,并长期面临希腊化的威胁。出于应对这些外来影响的需要,犹太教出现了多种不同形式,其中包括严格遵守《托拉圣经》中的律法。在耶稣生活的时代,有些人将这种遵守视为个人事务,试图尽量避免与腐败残暴的罗马当局发生冲突。另一些人则以犹太信仰为号召,鼓励抵抗占领圣地的势力。

耶稣正是在这种充满政治和军事冲突的氛围中开始了他的教学,他的教导也与宗教和文化的动荡密不可分。耶稣以教师的身份出场。作为一位巡回拉比或传教士,他凭借解读律法和非凡事迹吸引了众多追随者。据说,他使腐败者放弃非法生意、使生病者康复、使饥饿者饱足,甚至还能在水上行走。根据《约翰福音》的记载,耶稣在住棚节期间开始讲道时,人们惊叹道:"这个人没有学过,怎么明白书呢?"耶稣回答说:"我的教训不是我自己的,乃是那差我来者的。人若立志遵着他的旨意行,就必晓得这教训或是出于神,或是我凭着自己说的。人凭着自己说,是求自己的荣耀;唯有求那差他来者的荣耀,这人是真的,在他心里没有不义。"(《约翰福音》7:17)

耶稣宣称自己绝非普通教师,他所传的并非对律法或上帝之言的解读。他对学生的要求是成为他的追随者,因为他的教导被视为差他来者的体现。正如后人所言,是道成肉身,而非仅仅智识上的信息。仅仅理解教义是不够的,这些学生被要求改变自己的生活方式,走上老师所指引的道路。我们将简要讨论他最著名的几位学生:彼得,那位为后世教会的建立奠定基石的人；马太，象征耶稣教诲的转化之力的税吏；保罗，悔改后成为热忱传播福音的门徒。

一般认为，彼得（又名西门）是耶稣的第一门徒或领袖门徒。《马可福音》记载，耶稣路过加利利时，吩咐彼得和安德烈这对渔夫兄弟跟随他，未来拯救世人。在另一则记载中，耶稣进入彼得家中治愈了他的岳母，而《约翰福音》则记述二人在施洗约翰将耶稣称为弥赛亚之后不久相遇。通过这些记载，可以看到彼得的形象是一个见证了神迹的普通渔夫。有时他会因为这些神迹感到困惑和恐惧，但最终借助深厚的信仰回到了老师指引的路。许多人问，这位教师真的是弥赛亚吗？耶稣把这个问题直接抛给那些想成为他的学生或门徒的人："'你们说我是谁？'西门·彼得回答说：'你是基督，是永生神的儿子。'耶稣对他说：'西门·巴·约拿，你是有福的！因为这不是属血肉的指示你的，乃是我在天上的父指示的。我还告诉你，你是彼得（Kipha，意为基石），我要把我的教会建造在这磐石上；阴间的权柄，不能胜过他。我要把天国的钥匙给你。'"（《马太福音》16：15—19）

耶稣赋予彼得的使命成为历代教皇的基础，但即便是坚如磐石的彼得也有动摇的时候。当耶稣在最后的晚餐上告诉彼得，自己最钟爱的门徒将会背叛他时，彼得愤怒不已。但在随后的几个小时里，他在耶稣痛苦挣扎时睡着了，又因担心自身安危而否认认识耶稣。彼得的故事告诉我们，成为上帝之子的追随者并不要求完美无瑕。在这个世界上，纯洁并非可选项，真正的信仰在于承认自己的不足。彼得虽被誉为磐石，但磐石亦有裂痕。做耶稣的学生，意味着要接受自己永远无法成为完美的学生。

或许正是为了强调这一点，耶稣才选择了税吏马太作为其心爱的门徒之一。在罗马治下的巴勒斯坦，地方承包商有权代表政府征收税款和粮食。毫无意外，这一点使他们受到普遍的鄙视，常常被与妓女和罪犯相提并论。面对法利赛人和律法教师"你为什么与税吏和罪人一起吃喝？"的质疑，耶稣回答说："无病的人用不着医生；有病的人才用得着。我来本不是召义人悔改，乃是召罪人悔改。"（《路加福音》5：31—32）整个故事很简单：耶稣看马太坐在税吏的亭子前，对他说"跟随我"，马太随即起身，跟随了耶稣。

耶稣不是要做那些"天才"学生的老师，而是要做那些需要走上新路的罪人的老师。孔子会指出追随者的长处和短处，努力培养其能力、减少其不足。苏格拉底乐于揭示任何人在知识上的自负，尤其是那些自以为天才之人。耶稣则更进一步，他主动寻找那些被鄙视或者至少在生活中受过苦的人。由于他的教导带来深切的救赎，所以学生的需求和缺陷反而成了其优势。以马太为例，他的职业确实为人不齿，但也使他学会了写作。传统上认为，马太是最早将耶稣的教导记录下来的人。

以下是马太在《登山宝训》中列出的八福中的前四福，可以从中看到，缺陷是如何转变为美德或福分的：

　　虚心的人有福了！因为天国是他们的。

哀恸的人有福了！因为他们必得安慰。
温柔的人有福了！因为他们必承受地土。
饥渴慕义的人有福了！因为他们必得饱足。

将堕落或软弱之人引向正义和救赎是耶稣教诲的核心，也是他和犹太传统、希腊哲学的显著区别。然而，并非所有腐败之人都能得救。众所周知，他的其中一位学生就背道而行，背叛了老师和教义。耶稣知道自己将被出卖，并在最后的晚餐上三次提及此事。虽然耶稣没有直接点名加略人犹大为背叛者，但犹大以亲吻确认了老师的预感——这是他向当局指认耶稣就是他们要找的那位反叛的传教士的信号，他还公开称耶稣是他的老师、他的拉比。

与其他门徒不同，《圣经》并未提到耶稣是如何叫犹大跟随他的。经文只是警告读者，犹大是一个"魔鬼"，终会背叛他的老师。在《约翰福音》中，犹大因不理解耶稣为何允许一个有罪的女人为他洗脚而受到责备。犹大抱怨那昂贵的香膏本来可以卖掉，用所得款接济穷人。耶稣却说："由她吧，她是为我安葬之日存留的。"许多评论都将这个女人对耶稣的深爱与耶稣将给予她的宽恕联系起来。犹大是一个无法理解这种救赎的学生，他只想着错过的交易本可以有助于事业。那种通向爱与救赎的学习是犹大无法理解的。后来他臭名昭著地为了三十枚银币背叛了他的老师。根据《路加福音》的记载，是撒旦进入了这位偏离了追随之路的失败学生。（《路加福音》22：3）

使徒保罗从未见过耶稣,至少在他老师生前没见过。但保罗无疑是耶稣最有影响力的门徒,成为传播其老师教义的伟大传教士。保罗的希伯来名字是扫罗,他出身于一个虔诚的犹太家庭。他在当时的学术中心跟随名师学习,年轻时以迫害基督徒的方式表达自己的宗教虔诚。但在去大马士革的路上,在耶稣受难之后,他突然受到了更高真理的启示,从此改变了人生,也改变了历史的进程。

扫罗即将抵达大马士革时,天空中突然出现一道刺眼的光。他从马背上摔落,听到一个声音问:"扫罗!扫罗!你为什么逼迫我?"惊慌失措的扫罗问对方是谁,得知那是耶稣。他的同行者也听到了声音,但不明白发生了什么。等扫罗挣扎起身,他被神告知"进城去,你所当做的事,必有人告诉你"(《使徒行传》9:4—6)。扫罗发现自己失明了,只能让同伴领着他进入大马士革。失明三天后,扫罗在亚拿尼亚处被治愈,那正是耶稣在一个异象中指示他去找的人。视力的恢复象征着他对教诲的具身化理解。在这一刻,转变已然完成。曾经的迫害者变成了学生/追随者,并进而成为一种全新类型的教师:布道者。

耶稣的教导既不是像孔子那样号召人们回归传统,也不是像苏格拉底那样通过对话揭示人的无知。耶稣的教导旨在让人转向一种全新的生活。在新的生活中,人们将抛弃过去的自我,以上帝的弥赛亚的追随者的身份重生。或许用"教导"这个词不足以描述这种把人整个击倒,使人忘却过往、重获新生的启示。做耶稣的学生,意味着要敞开心扉接受这位教师所体现的爱的信息，并愿意接受其传递的力量。耶稣把学习能使人转变的维度提升到了一个新的层次。做门徒那样的学生，意味着完全接受、极其愿意迎接自己的新生。

●

对孔子的三位学生来说，老师的教诲虽然深刻影响了他们的为人，但却不会赋予他们一个全新的人生。这三位学生性格迥异，学习方式也各有不同。用现代的话语来说，老师"在他们所在的地方和他们相遇"。同样，苏格拉底的每个学生也有各自与老师的提问教学法互动的方式，彼此间的共同点仅在于把老师的批评听进心里，并保持与之相应的智识谦逊；虽然他们可能因老师对城邦固有等级制度的讽刺而有所改变，但并未从老师那里获得一种重塑人生的新教义。基督教传统中的学生与前两者形成了鲜明的对比，他们变成了狂热的信徒，既充满爱，也充满了对自己踏上的新道路就是所有人都应该追随的路的确信。这一新传统下的学生，不仅是忠诚的追随者，更是传教者，是要把上帝之子的福音传播给所有人的人。

第二章

儿童、学徒与学生：学会独立

许多世纪以来，学生们接触到了与孔子、苏格拉底和耶稣有关的各种学习方式：或承诺和谐的融入，或追求批判性的自我省察，或通过接纳导师的道路获得新生。这些学习经历常引发一系列问题：我是该向老师学习技能，还是学习一种我将要追随的生活方式？我应该始终忠于老师，还是应该从学生的角色"毕业"，变得自主甚至反叛？对于大多数跟随普通教师的普通学生，他们通常既学会了如何实现一定程度的独立，也学会了如何在社群中成为有意义的一分子。即便在学校教育广泛开展之前，年轻人也被期望既学习如何实现经济独立，也学习如何融入传统和社会等级体系。做学生，意味着培养融入所属的社会生态系统的能力，可能是家庭、村庄，也可能是城镇、城市。在前现代的西方，做学生通常意味着培养一个人适应社会所需的独立性。到了早期现代，学生越来越被视为学习独立思考的人。独立思考也越来越变成"做一个人意味着什么"的一部分。那些被剥夺学习机会的人，越来越被否认具备人性。因为他们是奴隶，所以不能做学生。悖谬的是，这种对奴隶教育可能性的否定，恰恰揭示了现代逐渐出现的"做学生"和"学会自由"之间的紧密联系。

"中世纪欧洲"这一标签涵盖了广阔的地域和时间。比如，5世纪欧洲东部的习俗其实与四百年后伊比利亚半岛的习俗截然不同。前现代的西方世界非常多元，且各部分在千年的时间中发展步调不一。在本章，我们只讨论在学校教育普及和识字率提高之前，由父母进行教育的一些典型案例。在欧洲的教育体系尚在萌芽之际，对于一个中世纪欧洲的年轻人来说，成长意味着什么？学习又在这个过程中起到什么作用？

在中世纪欧洲的大部分地方，年轻人除了在家里学习，还可以选择成为学徒，有时甚至干脆以此替代家庭学习。学徒的意思是，他们会从一位手艺精湛且已获得收徒资格的专业人士那里学习特定技能。对这些技能的掌握也为学徒日后从事相关工作打下基础。随着实践经验的积累，他们逐渐能独立于老师或师父。理想情况下，这也为他们日后成为老师或师父铺平道路。尽管学徒制是这一时期的特色，但在中世纪，已有一些学生就读于学校，那里不仅传授手艺，还传授学习技艺本身。学生被宗教权威，有时是世俗权威视为以学习为本职的人，而不仅仅是特定技能的学习者。在那个书籍尚未普及、正式学科尚未形成的年代，他们被期待发展出获取知识的能力。

●

20世纪70年代末到80年代初，我正攻读历史学博士学位，当时社会史被看作能够按照如其所是的样子理解过去的有力工具。社会史学家希望治愈历史学中的"现在主义"倾向，即不应该把当今的预设投射到古人的生活。今天我们视作理所当然或"自然"的东西，实际上可能是特定历史时期、特定地方的产物。不应因为我们看重某事，就假定古人也看重同样的事情。比如，"自由"这个词在11世纪的神圣罗马帝国和20世纪的维也纳有着截然不同的含义。信仰、成功、爱情，乃至做学生意味着什么也是如此。

正是在这种反现代主义的精神下，法国社会史学家菲利普·阿利埃斯（Philippe Ariès）于1960年宣布，中世纪的欧洲不存在"童年"这一概念。他的意思是，在现代以前，小孩并不被视为具有独特需求和特点的特殊人群。阿利埃斯提出，童年是现代的发明，不应把这一观念投射回更早的历史时期。毕竟，18世纪以前，在那么多的婴儿甚至活不过一岁的情况下，无论是在这些脆弱的小生命身上进行情感投入还是经济投入，都似乎不太明智。童年这一分类是在人们对幼儿的关怀变得足够安全后才出现的。社会史学家们自豪地指出，那么多人视作"自然"的对婴儿的情感，实际上是特定历史条件的产物，比如卫生改善。[1]

然而，近几十年来，学者们对"童年在婴儿死亡率下降之前并不存在"的观点提出了挑战。最近，历史学家们指出，古代人的一些观念和实践其实和我们的颇为相似。事实上，中世纪的父母往往非常疼爱自己的孩子，即便在经济条件十分困难的时候，也想尽办法照顾好这些年幼的家庭成员。比如对中世纪的英格兰，历史学家芭芭拉·哈纳瓦尔特（Barbara Hanawalt）提出，口述传统和来自村庄的档案资料都显示了"保护弱小儿童的一致价值观"。这套价值观的部分内容是传授他们在这个世界上生存所需要的知识。哈纳瓦尔特写道，在国家出资的教育系统尚未建立的背景下，父母们"明白他们孩子的生存取决于他们的资源和训练"。[2]首要的任务是让孩子活下来，这在中世纪这个充满不确定性的世界里意味着确保足够的食物，并避免玩火、掉进冰窟等危险。那时有太多种危险了。死亡率在生命最初的几年里最高，在中世纪的英格兰，大约40%的儿童在十岁之前夭折。[3]

小孩子太脆弱，他们通常不被认为在风险面前具有完全责任能力。在整个基督教欧洲，孩子们出生后就受洗，并在进入青春期（女童十二岁，男童十四岁）之前都被认为没有故意犯罪能力。宗教、法律和地方习俗都鼓励年轻人学习做一个负责任的成年人意味着什么，同时对他们难以避免的犯错给予一定的宽容。[4]和今天的儿童书籍类似，人们通过讲故事给孩子灌输当时的基本道德。这些宗教和世俗场合流传的叙事旨在教育。那些强调诚实与勤劳的好处、揭示谎言与懒惰恶果的寓言故事老少皆知。[5]当然，只有少数人识字。到1400年左右，一个针对不同年龄层的故事书出版市场逐渐兴起，但识字的普及还需等待数百年。

在缺少甚至干脆没有正规学校教育的情况下，大多数学生只是学习如何迈入成年，掌握建立并养活自己家庭的技能。北欧的多数家庭由父母和子女两代人构成，而在南欧，多代同堂的情况更常见。历史学家找到了大量证据表明，在中世纪欧洲的大部分地区，家庭对幼儿投入了非常多的情感和关注。在儿童的头几岁，家庭常有意识地通过游戏来教孩子养成安全习惯。父母极力为孩子营造一个安全环境，让他们自由探索。一旦孩子出现危险，他们会有极强的悲痛之情。[6] 父母很清楚幼儿生命的脆弱，但并未因此减少对孩子的关爱。前七年被看成互相探索的阶段：父母逐渐了解孩子的天性，孩子逐渐发现如何表达天性。下一个阶段被认为是学习的黄金时期，即从七岁开始，经过青春期，直到成年早期。圣安塞姆（St. Anselm）认为，年幼的孩子如同过于柔软的蜡，难以成形；年老者则已定型，难以接受新知识；处在中间阶段的孩子和青少年"如同质地适中的蜡，适合接受教育和指导"。[7]

农民家庭的孩子是劳动者。家庭希望有后代，但数量不宜过多。"超额"的孩子会被有能力负担他（并能利用其劳动力）的其他家庭雇用。八岁左右的男孩女孩就能在家里或田间做一些简单工作，比如捡柴火、看护庄稼和照料弟弟妹妹。当时的结婚年龄普遍较晚（女性约二十五岁，男性接近三十岁）。未婚青年们要学习如何为农业经济系统做贡献，并随着体力的增强承担更多成年人的任务。学习就是模仿，"毕业"就是独立生活，这可能是通过继承土地，也可能是结婚后建立足以维持自身的新家产。[8] 这是生存的基本要求。

在前现代的西方世界，学习的核心目标是能在没有老师、父母的情况下独立生存。宗教和习俗都鼓励父母好好养育孩子,但养育的目标既务实又充满感情:培养孩子为家庭做贡献的能力,最终能够自立门户。确实有大量证据表明父母对孩子的爱,但正如哈纳瓦尔特强调的:"全社会都清楚爱可能会办坏事,自力更生才是根本。若要孩子学会生存,他们需要更多地感受生存的压力而非父母的爱。"[9]考虑到孩子们在成年之前还可能会失去父母中的一方或双方,培养独立性就显得尤为重要。

不过,和今天许多西方社会不一样的是,独立性并不意味着个人主义。一个人的独立性总是在某个社群语境下被理解的。比如,除了学习审慎和家务技能,年轻人还要学会尊重传统和等级秩序。正如另一时空中孔子的追随者们一样,中世纪的年轻人也被期待和谐地融入一个崇尚秩序的传统。对父母恭顺不仅是一个被宗教神圣化了的戒律,也是日常生活中的必须。就像财富和宗教一样,年龄本身就意味着权威。孩子们学习等级秩序以及自己在其中的位置。村庄的头面人物、地方的贵族和教区的神职人员都有其权威,普通家庭的父母必须教导孩子们,扰乱权威的秩序会招致严重后果。

◉

许多年轻人会离家远赴外地,投身服务或学徒生活。通常,是否把孩子送出去取决于他们是否能为家庭经济做出实质贡献,或是成为负担。在英格兰,把孩子送出去干活非常常见,贫困家庭会让孩子去农场之类的地方工作,从九岁一直到二十一岁。作为对食宿的交换，年轻人需要帮农场干活。虽然协议里通常不会特别提及教育，但孩子确实可能学到对其他家庭或者自己未来家庭有用的技能。学徒制度是基于契约的：拥有"多余"青少年的家庭会与需要青少年帮忙的家庭签订合同，让孩子被纳入新家，条件是服从、劳动并表现良好。女孩通常负责做家务，完成各种家庭琐事，有时还要照顾小孩和放牧。[10]除了有合同，对于女孩们来说，做仆役和做学徒的差别并不很清楚。被送出去的男孩也会做仆役，但他们的工作通常会使他们远离家庭环境。在给他们的新家做贡献的过程中，无论是男孩还是女孩，作为学徒的他们都被期待逐渐提高工作能力。正式的学徒制度则承诺传授一套更具体的技能——年轻学徒跟着师父学习一门手艺，比如木工、酿酒、织布、制蜡、修工具和造烟囱等。

许多学徒都涉及谈判和详尽的合同条款。我们通常通过后来双方发生纠纷，官方正式介入时留下的记录来了解这些。合同的大体内容是，年轻人跟着一位专家学习手艺。合同会明确学徒需完成的工作量，以及师父家庭对已成为家中一员的这位年轻人负担的福利。学徒生病或者受伤该怎么办，如何确保食物充足、住宿条件适宜，这些细节都会在合同中规定。

此外，前现代欧洲的学徒合同还列出了详细的道德要求。学徒需宣誓不结婚（也不得进行婚前性行为），也不得与师父家中的任何人发展恋爱关系。[11]合同还强调了抵制诱惑、不和不良人士交往，以及不进行任何可能损害师父本人、师父手艺、师父家庭的行为。除了掌握特定手艺，学徒还应学习如何成为一个有良好声誉的社区成员。

历史学家发现了大量关于不守规矩甚至公然叛逆的学徒的记录。权威人士们忧心忡忡，不知如何教导这些热衷于社交和喝酒的年轻人尊重等级次序、做负责任的事。年长的手艺人们担心行会被那些情绪暴躁的年轻人玷污，虔诚的教士则担心这些远离父母的年轻人丧失道德感。如何处理那些忘记自己本分的学徒？是否应更频繁地体罚他们？还是说，恰恰相反，制约他们的规矩太多了？哈纳瓦尔特总结道："中世纪的道德家、城市长老和师父们都对如何对待青少年感到困惑。"[12]看来，有些问题真是古今如一啊！

和在自己家里长大的孩子一样，学徒的目标也是获得独立。只不过对于学徒来说，还要额外强调融入社区。做行会、村庄、城镇或教堂中的独立一员，意味着脱离儿童世界特有的那套行为标准。[13]学徒必须至少在表面上长大、接受习俗和权威规定的社会等级次序。"前现代欧洲"这一说法涉及上千年间的许多不同地区，不同时间、不同地区的学徒的生活经历自然各不相同。在中世纪晚期的伦敦，大型企业只接受十几岁的男孩，而在一个世纪后的巴塞罗那，十岁的孩子——无论男孩还是女孩——普遍被指派学习一门手艺或做家务活。我们还知道，文艺复兴时期的佛罗伦萨，中产家庭甚至接纳十岁不到的孩子来家里干活，作为回报则承诺日后帮助他们成婚。[14]尽管诸种学徒制有一些共同核心要素，但学徒们在学习社会规则中的实际经历却大不相同。

无论何时何地，年轻人做学徒的目标都是获得关于师父们手艺的知识。这通常不是那种能在书本上找到的知识。学徒们在实践中学习，而师父们必须想办法在维持生产力的同时，把手艺教给这些未来需要独立干活的学徒。科学、技术和手工艺史的专家帕梅拉·H.史密斯（Pamela H. Smith）提出："这种训练塑成了一种或许可以称为'工艺素养'的东西。"她强调：这些学生学习的方式"既非阅读，也非写作，而是通过经验和劳动的过程获得知识"。[15]正是通过重复性劳动，学徒逐渐将知识内化为习惯——一种深刻植入身体的知识，使得年轻的工匠在师父不在场的情况下也能高水平地完成工作。这种模式适用于缝纫、绘画、酿造和木工等各类手艺。

　　设想一个17世纪的英国少年，从乡村远赴伦敦，做一位资深裁缝的学徒。他的父母最初是怎么和一线大城市搭上线的呢？可能是他在伦敦有堂兄，可能有一位兄长已先一步在那里立足，也可能是通过商业往来结识了什么人。在17世纪的英国（以及17世纪后半叶的西欧其他地区），贸易网络迅速扩展，学徒制也成为这一网络的重要组成部分。[16]当我们的这位学徒完成学业时，他大概是二十五六岁，应已积累了足够的知识和人脉，能够将自己的经验转化为实际的工作。

　　完成学徒期的学徒享有从事其行业工作的合法权利，但竞争和市场压力常常迫使他们迁往他处。理想情况下，他们可以借助师父的社交网络，尽管这意味着在实践谋生的过程中会失去一些独立性。不过，进入一个能实现经济独立的行业的激励，通常比不过长期服从师父的苦，因此许多学徒未能完成他们的学徒期。根据一些历史学家的统计，17世纪有三分之一到一半的学徒中途"辍学"。[17]师父对学徒享有权威，且和后来学校里的老师一样，被视作"代理家长"。服从师父的压力、在他人权威下工作和生活的困难，以及远离家庭的孤独，这些因素使学徒期对很多人来说都极具挑战。

多数学徒机会都给了那些有父亲为他们签署协议的男孩。许多行会，特别是北欧地区，禁止年轻女性以学徒的身份进入。长期以来，历史学家都将这视为父权制控制的又一种表现。然而，近期的研究深入探索了女性学徒的世界，揭示了女孩们如何通过进入行会学习技能，实现个人独立。有时她们会在成家后运用这些技能，有时（尽管少见）她们会独立开办生意。[18]更难以追溯的是她们的非正式学徒经历（因为没有书面合同），不过似乎几个世纪以来，女孩们经常由非直系亲属的人做培训（比如缝纫）。同样清楚的是，17和18世纪女性正式学徒的数量明显增多，特别是在英国。这可能是因为这一时期的社会动荡和政治变革为女人和女孩们创造了更多的空间，使她们能够在所谓的"勤劳革命"（Industrious Revolution）中找到立足点[19]。工业革命（Industrial Revolution）主要由男性主导，并与城市和工厂工作的发展紧密相连，而勤劳革命则指的是为了回应增长的社会需求和新的社会网络，家庭劳动规模的扩大和方式的增多。

埃莉诺·莫斯利（Eleanor Mosley）是利用了这一空间的女性之一。她和其他18世纪英国女性学徒的故事由经济史和社会史学家艾米·路易斯·埃里克森(Amy Louise Erickson)讲述。[20]埃莉诺在一位帽子匠人乔治·泰勒(George Tyler)和他的妻子露西(Lucy)手下干活。由于泰勒夫妇已有其他女学徒,所以埃莉诺加入了一个培训计划,这将使她未来能在伦敦从事这一行业。她花了八年才"获得自由",成为有这方面业务的钟表匠公司的全职员工。很快,她就开始在自己的店铺里招收学徒。第一个学徒是她的妹妹凯瑟琳(Catherine)。不出一个月,又招了一位牧师的女儿。她经营这家店至少十五年,并在四十多岁时结婚。在17世纪以前,帽子匠人大多是男性,但到埃莉诺做学徒的时候,许多女孩已学会了这门手艺,以便在变化的社会中获得一定的独立性。埃里克森讲述了几位在婚后仍然作为成功企业家发展了自己事业的女性的故事。女孩们通常无法接受正规教育,学徒制度有时却能让她们以学生身份茁壮成长。"帽匠学徒的父母们在女儿十几岁时把她们送到首都,这无疑是一种冒险,"埃里克森写道,"但这是经过深思熟虑的冒险。许多父母认为,无论对女儿还是对自己,这种冒险都是值得的。这些女孩被父母送到女帽匠那里做学徒,满心想着女儿能为她们自己'闯下一番事业'——不是在那个她们被排除在外的职业领域,而是在创业领域。"[21]

●

无关性别,并非所有学徒都能成功。失败的概率相当高,而且在脱离了行业"束缚"后，这些年轻人必须寻找其他途径继续学习如何在社会中独立生存。在18世纪，学徒系统已经备受文化和经济转型的压力，完成整个学徒期的年轻人数量急剧下降。现在，让我们看看18世纪的两位著名失败学徒，他们后来都取得了非凡的成就：日内瓦的让-雅克·卢梭和波士顿的本杰明·富兰克林。日内瓦在理论上是一个由所有男性公民共同统治的共和国，他们在法律上被视为独立且自由的个体。但实际上，该国有着强大的阶级体系，突破阶级通常需要付出沉重代价。卢梭家族以工匠为主，世代都是技艺高超且积极参与城市公共生活的钟表匠。让-雅克的父亲娶了一位上层阶级的女子，两人都受过良好教育，重视全面的文化素养。正如多年后卢梭所言，法国的钟表匠擅长谈论钟表，而日内瓦的钟表匠能和任何人畅谈天下任何事。[22]

但让-雅克·卢梭并没有进入家族的制表行业。他的母亲在生下他后不久去世，几年后他的父亲因与当局发生冲突而离开了日内瓦。卢梭被托付给一位叔叔。叔叔先是尝试让他成为一名职员，未果后又安排他跟随一位雕刻师做学徒。卢梭被"绑"给了一位名叫杜科蒙（M. Ducommun）的年轻金属雕刻师。杜科蒙性格暴躁、举止粗鲁，店铺管理极其严格。让-雅克在许多方面都是一个特立独行的年轻人。他有异常强烈的独立意识，并对自己接受过以罗马历史为重点的拉丁语教育深感自豪。杜科蒙觉得，自己的任务，就是把这些浮夸而分散注意力的想法，从这位未来雕刻师的脑子里剔除出去。卢梭很快体会到，学徒在等级体系中的弱势地位可以被残酷地加以强化:"师父的专制最终让我原本可能喜欢的工作变得无法忍受,而我也染上了本来厌恶的恶习,如撒谎、懒惰和偷窃。长期被束缚在工作上,我眼中见到的净是让别人快乐的事务,但我自己却只能遭受剥夺……总之,我所见的一切都成了欲望的对象,只因我被禁止享受其中任何一样。"[23]

卢梭接着讲述了他如何为一名熟练工偷窃他人的财物,后来又偷那位熟练工的东西。对这位心烦意乱的学徒来说,学习如何愚弄师父变得比学习手艺本身更有趣。他当然受到了惩罚,但惩罚并未达到预期效果:"很短的时间里我就挨了很多次打,以至于不再那么害怕挨打;我在那些打骂中看到了……对我所偷东西的补偿,这让我觉得有权继续偷窃。与其回过头想那些惩罚,我想的是向前看,一心只想着复仇。"[24]

在闲暇时,让-雅克常与朋友在乡间散步。如果他们没来得及回城门,就会被锁在外面过夜。这会招致师父的严厉惩罚,最终有一次他决定逃走。十五岁那年,他永远离开了自己的家乡,尽管他宣称一生都对家乡的市政机构和传统抱有敬意。他甚至认为,若非不幸地被束缚在一个暴虐的师父手下,导致他"变得不合群",学徒制本可以对他有益。回首那段坎坷岁月,卢梭梦想着如果有一位更好的师父把他培养成更优秀的学生,那么"没什么比做一个好手艺人更适合我的性格、更能带给我幸福了,特别是像日内瓦的雕刻师那样受人尊敬的职业"。[25]

学徒制度从欧洲传至其遍布世界的殖民地。富兰克林一家住在马萨诸塞州殖民地,本杰明便是在这个快速发展的地方长大。他的父亲需要养活一大家子,小本杰明擅长阅读,父子俩都设想他或许可以进入教会,甚至成为一名学者。但这个计划因费用过高而搁浅。十岁开始,本杰明开始修剪灯芯,协助父亲做蜡烛。年轻的富兰克林还梦想过去航海,但因家中一位哥哥曾溺水身亡,家人对此坚决反对。在接下来的两年里,本杰明一直协助父亲工作,父亲也带他接触了各种手艺,以期找到比制作蜡烛更让他感兴趣的职业。然而,一些学徒合同需要支付不菲的费用,可富兰克林一家人口太多,负担沉重。当年长的哥哥詹姆斯从英国回来,在波士顿开设印刷店后,家人商定让十二岁的本杰明做他的学徒,为期九年。这样至少本杰明在学习排版技艺的同时,也能继续发挥其阅读才能。

他的文学才能确实派上了用场,甚至开始创作歌谣。但在秉持实用主义的父亲的劝阻下,本杰明放弃了诗歌,转而提升散文写作能力,并成功在哥哥的报纸上匿名投稿了一些专栏。不过,身份曝光后,本杰明并未从哥哥那里得到预期的掌声。"詹姆斯虽是哥哥,但他却自视为我的师父,而我只是他的学徒。他想让我像其他学徒一样为他效劳,我却觉得他在某些要求上过分贬低了我。从弟弟的角度,我希望能得到更多宽容。"虽然这份工作给了他充裕的时间去增长知识、提升写作能力,但家庭和学徒制度中的等级秩序逐渐令他不满:"我哥哥性情急躁,常常打我,这让我极为不快。学徒期漫长而无趣,我一直在寻找缩短学徒期的机会,而这样的机会最终以出乎意料的方式降临了。"[26]

"出乎意料"指的是詹姆斯因刊登有争议的内容而触怒当局,遭到监禁并被禁止出版报纸。为了绕过出版禁令,本杰明被正式解除了学徒身份,以便他可以在名义上接任报纸出版人。兄弟二人还秘密签订了一份合同,维持本杰明对哥哥的服务关系。但当双方发生争执时,本杰明决定打破这份合同。这个勤奋的年轻人已经掌握了一门手艺,想独立开展自己的事业。同时,他也体会到了在公共领域之外解决争端的困难!这位学生感到自己已有足够的独立性,准备好摆脱师父的束缚,为此,他不得不离开波士顿。后来,他在费城开始了自己的出版业务。此后的故事,正如人们知道的,已经成了历史。

卢梭和富兰克林从自身失败的学徒经历中学到了不同的东西。他们都运用了批判性智慧挑战那些被认为是他们上级的人的合法性。和苏格拉底的对话者一样,卢梭和富兰克林检视了他们所处社会中的等级秩序,发现他们所服从的权威并无正当理由。这些曾经的学徒变成了更广泛意义上的学生。来自日内瓦的哲学家虽在雕刻上学到甚少,却领悟了对平等的热爱和对暴政的憎恨。越是感到被压迫,他就越珍视独立的价值。卢梭同样反思了受制于师父时的自己,觉得那是一段堕落的时光。他在那段时间里学会了欺骗、怨恨和愤怒,此后一生都在努力抹去这些不良教育留下的痕迹。富兰克林也是这样,他在暴躁兄长的权威下学会了珍惜独立,不过他也一直珍视干活期间得到的其他教训。在费城创办自己的报纸时，他既运用了自己对印刷机械工艺的理解，又敏锐地抓住了读者需求。对阅读和学习的热爱促使他出版了西塞罗的《论老年》(*Cato Major*)，并特意使用大号字体，以免"小字对眼睛造成的疲劳"影响"心灵的愉悦"。[27]在他不以排版谋生多年之后，他仍然珍视作为印刷学徒期间养成的习惯，这些习惯在他生活的许多其他方面都发挥了积极作用。

◉

学生吸收的远不止是教师自以为在教的内容。在前现代的欧洲农村，孩子们通过模仿长辈，非正式地学习如何为家庭做贡献。学徒制的正式学习指向一套特定的技能和实践，但学徒们也耳濡目染了社会等级次序、价值观和风俗习惯。尽管偶尔的违规反而可能催生创新，但早在正式的学徒制度普及之前，做学生的主要含义之一就是习得那些维护社会延续性的习惯。

除了上述非正式学习途径，极少数儿童会进入学校接受常规教育。这些学校通常设在教堂内。回顾比卢梭和富兰克林早几个世纪的历史，我们会发现虽然基督教是一个以文本为基础的宗教，但只有少部分人有能力阅读。一些年轻人会接受背诵拉丁文、参与祷告和理解宗教核心教义的训练。随着宗教改革后宗教成为争议领域，以及社会和经济网络的日益复杂，识字和接受正规教育的优势变得越发明显。

在中世纪的基督教欧洲，婴儿出生后第二天便会接受洗礼，以确保灵魂在这个高死亡率的时期得救。幼儿无须去教堂，但可能会由教父教母或父母教授一些简单的祷告。虽然14世纪时农民大多是文盲，但文本已开始影响每个人的生活。无论是公开诵读《圣经》，还是记录交易、出生和死亡的官方文件，书面文字逐渐成为日常生活不可或缺的一部分。[28]尤其是富裕家庭，他们不仅需要阅读和理解文本，有时还需创作文本。识字越来越被家长们认为是实现富足的关键因素。因此他们把自己的儿子送去学校。

在中世纪的英格兰，基础教育多在"唱诗学校"（song schools）进行，学生们在此学习如何吟唱经文，因此教学集中在字母，以及拉丁文的背诵和阅读。牧师以及一些有文字能力的书记员会教男学生识字和发音，因为直到早期现代的较晚阶段才出现默读。少数懂拉丁文的女孩是在家中学习的。在学校，除了神圣文本外，还教一些旨在传达道德和生活教训的诗歌。这些都是为精英阶层准备的教育。绝大多数人负担不起送儿子去任何类型学校的时间和金钱。随着识字率的缓慢提升以及纸张在14世纪的引入，家中有识字者的好处越来越明显。学校在城市中流行起来，并逐渐扩展到较大的城镇。

文艺复兴时期，许多学校的教学内容已不限于拉丁文和宗教典籍。世俗文化的精华内容开始被纳入，这些内容被认为能丰富学生的生活。古代世界的辉煌成就本身就极具价值。在15世纪的意大利，男孩除了学习武加大《圣经》译本［Vulgate，圣杰罗姆（St. Jerome）的《圣经》拉丁文译本］，还可能阅读恺撒的评论。他们也会接触维吉尔的《埃涅阿斯纪》或西塞罗的演讲，这些作品不仅文学价值高，还对理解历史和政治的复杂性有帮助。奥维德的《变形记》也是许多年轻人的必读之作。文艺复兴时期，随着教师们逐渐认识到他们崇拜的罗马文化深受希腊文化的影响，希腊文本也被纳入了教学。科学也在课程中占有一席之地，尽管这主要是因为老师们知道他们敬仰的古人对科学探究很感兴趣。数学亦是出于同样的原因。不过老师和学生们也看到了算术在日益商业化的社会中的实用性，以及几何学在给城市扩张做规划时的重要性。对天体的研究不再仅仅是沉思天使和圣人。在学校里，天文学逐渐取代占星术，成为独立的学科。文艺复兴时期学校里的一个学生，期待的不只是识字、纪律和宗教教导，还期望通过教育成为全面发展的人，而这意味着能够过上一种有教养的、完整的人生。这种博雅教育的理念可以追溯到古代世界，其教育目标并非狭隘的工具性，而是更多关乎人的美德和全面能力。诚然，学校教导的内容包括宗教信仰，也包括一些在公共或私人生活中实用的知识。但总体上，文艺复兴时期的学生被引导以不断提升修养为目标。这是一个更世俗化的目标，旨在今生实现美好生活，而非仅仅为来世的犒赏做准备。

新教改革也推动了学生学习内容的扩展。对渴望直接领悟神的教导的新教徒来说，阅读《圣经》的能力至关重要。这一需求和15世纪中叶欧洲印刷术的发明，共同推动了识字率的提高。学校变得越来越重要，其作用不再限于培养神职人员和其他精英。教学逐渐成为一门独立的职业。马丁·路德在1540年的《餐桌谈话》(*Table Talks*)中说："如果上帝不让我做牧师,那么我最愿意的就是成为一名教师。除牧师以外,没有比这更美好、更重要的职业了。"[29]他还说,我们可以没有王子、贵族和市长,但不能没有教师。路德提出,教育太重要了,以至于我们不能把它仅仅交给家庭。受他宗教思想的影响,欧洲所有德语地区授予学校的特许状数量都迅速上升。[30]耶稣的号召——"追随我!"——深深触动了那些渴望精神重生的新教徒,而那些愿意响应号召的年轻灵魂常把受教育视作一种助力。新教徒在日内瓦掌权后,把学校教育变成了强制义务——不仅是男孩,还包括女孩!"哪些人能做学生"正在起变化。约翰·加尔文虽然承担着普世使命和繁重的公民负担,依然抽出时间开发课程,以此作为推广福音的载体。天主教当局则通过创办自己的学校来抵制新教异端的影响,从而确保学生留在教会之内,为他们提供过上真正的基督教生活所需的那些工具。教育虽然不再局限于宗教,但二者的紧密联系一直持续到18世纪后半叶西方社会受到世俗化浪潮的冲击前。

新教把每个孩子都看作潜在的学生,这一"阳光"观念背后也暗藏着阴影。宗教改革前的教育家把年轻人看作需要被塑造的柔软蜡块。他们相信特定的知识体系可以使学生融入某个特定的社区。关键不仅在于获得知识,还在于和谐地融入。但宗教改革后的许多思想家把教育看作一种工具,一种击破年轻人、帮助他们摆脱罪恶倾向的工具。特别是加尔文主义者和部分福音派新教徒,他们视孩子为充满欲望的生物,而欲望就是罪恶。福音派传教士约翰·卫斯理曾建议:"要击破他们的意志,以便拯救他们的灵魂。"[31] 确实,教小孩子阅读很重要,但更重要的是使他们通过阅读摆脱自然倾向。

从宗教视角出发,教育的目的在于引导学生远离罪恶。这是一项艰巨的任务,因为罪恶被认为深深植根于学生的本性之中。通过教育,你可以从罪恶的本能倾向中"独立",从而获得救赎。用现代话语来说,追随耶稣意味着要"取关"(unfollow)你的欲望。从更世俗的视角出发,教育是为了引导你走向经济独立和融入社区生活。一方面,早期现代欧洲的学生被期待通过学习掌握离开父母庇护、独立生活的技能。另一方面,教育也被赋予了将父母的道德观传承下去的任务。学生虽然会离开他们出生时的家,但必须把那里的习俗和规范带到新的生活中去。

因此,到17世纪,教育在宗教和世俗两个维度上都变得越来越重要。参与教会生活越来越依赖于文字技能。教会也是雇主。要想从他们那儿得到一份工作,你需要能阅读《圣经》、理解其主要解释者的观点,并巧妙地保持在所在地区教会当局的正确一边。在商业和公民社会中,随着贸易的增加和正式合同的普及,识字和基础算术能力成为真正的优势。如果你有幸接受村庄以外的教育,你可能会学到帮助自己在一个变动的世界中航行的技能。具备算术能力的人可以在商业领域找到工作。随着商业的发展,对能够处理法律事务的人才的需求随之增加。熟悉合同并能协商细节的能力,可能会带你进入法律或公共服务领域的工作。不过，无论你有多博学，人们还是期望你不要过多改变现状。尽管有大量关于年轻人惹是生非的报道，但那些真正受过良好教育的学生仍被期待和谐融入社会，哪怕这种学生很少见。

17世纪的学生有时被比作等待教师书写的白板，有时被比作教师播撒知识种子的沃土。尽管人们仍然担心罪恶的欲望，但这两个比喻都反映了文艺复兴时期人文主义的乐观一面。尤其是来自富裕家庭的男孩，他们通过汲取古代思想巨人的智慧遗产，学习如何在现代社会中独立于家庭。学会运用这些遗产将有助于他们过上充实的人生，但考虑到学生自身的罪恶本性，人们也认为他们需要把权威内化。只有学会了服从自己内心的权威，学生才算真正的"独立"。在精神层面，人们可以遵循耶稣的教诲，但在公共生活中，学生更应像儒家的仁人，而非苏格拉底式的牛虻。好学生无须外在导师约束，因为"内在的导师"已经引导了其行为。正如约翰·洛克在《教育漫话》(*Treatise on Education*)中所言："所有美德和卓越都在于能够在理性不允许的情况下否定自己欲望的满足。"[32]对洛克和许多宗教改革后的思想家来说，教师的确控制学生，但要用那种能够让学生最终实现自我控制、自我克服自身罪恶倾向的方式控制。

●

"控制"并不是人们在思考第一批大学中的学生时想到的

首要词语。这些大学是在12世纪的修道院和教堂学校的基础上逐步发展而来的。它们并非人为策划的结果，而是学者和神职人员自发聚集的产物。他们开始使用universitas一词标识自己的学术活动。有时，年轻人因一位克里斯玛型教师而聚在一起，比如彼得·阿伯拉尔（Peter Abelard）。他在公元1100年左右于巴黎附近开办了一所"学校"以继续其神学研究。有时，知识分子们为一个城市而来，他们在那里培养适应快速城市化环境的新一代人。早在1291年教皇正式认可博洛尼亚为"大学"之前，那里的教学和研究活动已经持续了数十年。大学在很多方面和其他行业协会很像，因为它把成员分别认证为学徒（学生）和师父（教授）。大学不仅有自主的财权，而且通过某种方式从君主那里获得了地方的法律自治权。随着时间的推移，市政和教会当局给予学生和教师各种特权，以支持教育事业。有些人拿到奖学金，有些人被免除兵役或其他公民责任。那些寻求教育的人往往不远千里而来。等他们完成学业，代表已得到大学认可的文凭也被其他机构承认。这推动了大学的普及。尽管当时的通用语言是拉丁语，但规模较大的学校会根据教师来自欧洲哪个地区，把他们组织成不同的"民族"。到了13世纪，博洛尼亚和蒙彼利埃在南方脱颖而出，牛津和剑桥在北方取得了相似的地位。令人惊叹的是，12世纪创办的18所大学至今都仍然存在！[33]

在12世纪，想上大学的学生不是寻找一座校园，而是寻找一位学者，也就是一位愿意收他为学生并指导其学习的师父。大约百年之后，大学开始发展出独特的住宿环境，老师或说师父也负责管理其日常生活。图书馆和迷人的方院也相继落成。到15世纪，大学既是学习的中心，也是一个实体场所。15世纪到博洛尼亚和牛津学习的学生，目标是进入教会。其中一些人是只有头衔，没有继承权的贵族次子。另一些人来自大型城镇，他们在地方学校表现优异，视教会职业为阶层跃升的最佳途径。即便在早期，大学也有为贫困学生提供的援助，比如免除学费，或者允许他们以乞讨维生。

这些早期大学的学生很快就以行为不端而"声名远扬"。即便是在最早期，大学也因学生的喧闹甚至暴力行为而不断增加纪律规章。教皇颁布法令，强调只有在一位导师名下学习的才算真正的学生，并且导师需为其学生的行为负责。他们还敦促学生不要带着佩剑在城镇中游荡。随着时间推移，学校管理层不断发布警告，禁止赌博、滥发誓和出入妓院等行为。[34]

成为大学一员的关键在于流利掌握拉丁语。学生被要求用拉丁语进行所有对话，包括与其他学生的对话。历史档案里充斥着违反这些规定的报告。拉丁语不但使学生能够学习神学、参加宗教仪式，还象征着他们是"大学人"（university man）——某个特定行会的成员。有时，学生们试着用特殊服饰来标明身份，但这可能会遭到希望学生穿得"中规中矩"的教授们的反对。学生们自行发展出一系列标识性和归属感仪式，其做法与现代的兄弟会活动类似，往往包含一些欺凌性质的考验。一年级新生常遭受身体虐待、强迫说出"真心话"，并被迫为高年级学生的宴会付费。随着时间的推移，教授们和学校管理层开始保护新生,并以此来巩固自己在学术和宿舍管理方面的权威。一些学校的纪律处分方式只有罚款,但有些大学甚至自建了监狱。看来,组织起来的学生和组织起来的教授(后来还有行政人员)之间的权力较量,确实是一段古老的故事。

在博洛尼亚和巴黎,学生们接受的是博雅教育,被称为三艺(trivium)或四艺(quadrivium)。三艺是文法、修辞和逻辑等语言学科,四艺是算术、几何、音乐和天文等更量化的学科。意大利和法国南部的大学通常更注重语言学科,北部的大学则更侧重量化领域。为了赢得导师的认可和教会的职位,学生们相互竞争。他们早上参加老师解读经典文本的讲授课,白天自己练习辩论。如果老师在讲授课上语速过快,不仅会遭到嘲笑,甚至还会被学生扔石头,因为他们要把听到的内容背下来。教授们设置的考试往往极为严苛,学生必须在经典问题上展开正反两方面的论证。比如,亚里士多德和《圣经》对自由意志的看法有何异同?或者,对幸福的定义有何异同?衡量学生进步的标准是他们能否在辩论中获胜,既要符合宗教正统、不陷入异端,也要契合道德准则、不偏离常规。这种口头辩论至关重要,因为水平最高的学生将获得实际的就业机会。

如同学徒可以变成师父,一位大学生如果能从本科阶段的记忆训练成功进阶至高级辩论,就有可能成为教授。比如,他可以选择专攻法律,从而给未来的书记员或律师上课。不过,学生之所以获得这些职位,不是因为他们做出了原创性工作。在现代以前，大学并非研究的中心，其功能并非创造新知，而是传承宗教和社会认定的奠基性真理。学生通过证明自己对这些基础的扎实掌握成为教师。尽管学习之于他们确实可能是为了经济独立，但毫无疑问他们也是传承者。

●

在迄今讨论的所有做学生的例子中，我们都见证了不同类型主体的成长。在现代以前的西方，无论在家庭中学做家务，还是在小镇跟着师父学手艺，抑或在城市里跟着神学家学习，他们都会有意地发展独立能力。这种独立本质上是经济的，但始终与更广泛的文化相关。理解独立的可能性和局限性正是学习的部分内容。学生们并非只会复读祷告或学习技能，他们还在探寻如何自立、如何在与他人的关系中找到自己的位置。

不过，并非每个人都有机会成为学生。随着欧洲人探索世界并在远离家乡的地方建立殖民地，他们也创造出了一类新的人群。这些人生活在他们之中，却不被视为同胞，更别说朋友和邻居了。奴隶，这个群体大多来自非洲，并被用来建设新社会或支撑既有经济体系。到了18世纪，已有数百万非洲人被强行带离家园，在全球各地被迫劳动。像法国这样的国家，早就明文禁止人身奴役。理论上说，一旦踏上法国的土地，人就自动获得自由。然而，非洲劳动力创造的巨大财富使法律被重新制定。那些为这种有利可图的压迫辩护的人，声称应当重新思考"人"的定义。这也意味着重新思考学习和做学生的含义。那些历尽艰辛横渡大西洋幸存下来的非洲人，被迫接受了关于权威、暴力和权力的残酷"教育"。他们的生存依赖于对这些"课程"的掌握，但用"学习"称呼这些经历显然是不恰当的。那么，我们应该如何表述呢？对于生活在美洲残酷等级制度下的奴隶而言，"学习"意味着什么？哲学家们纷纷声称，非洲人在生物学上与欧洲人差异巨大，因此无法进行那种以追求独立性为目的的学习。小亨利·路易斯·盖茨（Henry Louis Gates Jr.）长期研究启蒙运动对理性能力的强调如何与种族偏见结合起来，以否认"新发现"的种族具备完整人性。比如，大卫·休谟便曾断言非洲大陆上"没有艺术，没有科学"。[35]其居民不具备自由思考的能力。然而，奴隶确实在矿场、田地，在主人的家中，接受了某种劳动教育。他们被期望成为技艺娴熟的劳动者，其技能也可能受到奴隶主的高度评价。但在奴隶制的文化经济体系中，奴隶不被视为"学生"，也不被允许接受"教育"，因为学生最终总会毕业，而毕业象征着独立。在一些北美殖民地，教奴隶识字是违法的。比如，南卡罗来纳州在1740年通过了一项法律，对帮助奴隶识字者处以罚款。一个世纪后，北卡罗来纳州又出台法律，规定"任何自由人，若教导或尝试教导本州奴隶识字或写作（数字除外），或向奴隶赠予或出售任何书籍、小册子，将在本州任何法院受到起诉"。[36]在这段时期的南方各地，那些出于宗教热忱向黑人传播《圣经》

的人受到了社区里更多人的抵制，因为后者比起拯救灵魂，更希望维护白人至上。

在极少数情况下，如果奴隶主真的为奴隶提供了教育，那么奴隶被视作财产的观念和被以学生身份对待的事实将导致明显的认知冲突。菲莉斯·惠特利·彼得斯（Phillis Wheatley Peters）的经历就是一个例证。她是第一位出版诗集的非裔美国人。1761年，七岁的她被从东非绑架到波士顿。惠特利家族原本需要一名家仆，但很快发现这个连儿童奴隶的一般体力活都无法胜任的孩子天赋异禀。在惠特利家成年子女的引导下，她接触到了希腊和拉丁文学经典，以及当时的文学和科学知识。没过多久，这位年轻的奴隶便开始创作自己的诗，其中一首早期作品便是赞颂那些有幸在大学求学的人：

> 学生们，你们有幸仰望
> 苍穹，穿梭浩瀚宇宙，
> 见证星系旋转的奇观。

在诗作中，这位被奴役的女孩向那些享有特权的大学生们呼吁，要抵制诱惑，专注对知识的追求：

> 你们这些人类种族中盛开的花朵，
>   一位来自埃塞俄比亚的女子告诉你们，那是你们最大的敌人；
>   其短暂的甜蜜会化为无尽的痛苦，

让灵魂坠入无边的毁灭。

《致新英格兰剑桥大学》(To the University of Cambridge, in New-England)被认为是彼得斯的处女作，尽管它直到1773年才得以出版。如今人们认为她创作了超过一百首诗歌，其中大部分是宗教题材，但她也描绘了殖民地为争取独立与英国进行的斗争。1778年，她在为沃斯特（Wooster）将军创作的一首纪念诗中提醒读者，在追寻自由的问题上仍存在着巨大的不平等。

> 请亲手引导并护卫他们，
> 使这场可怕的战争终结；
> 愿他们永远怀着感恩之心，
> 愿他们保持美德、勇敢和自由；
> 但我们怎能妄想在全能的神前得到恩宠，
> 当他们仍以如此无耻的行为，
> 将无辜的非裔束缚于奴役之中？
> 让美德统治——愿你回应我们的祈祷，
> 胜利归于我们，慷慨的自由归于他们。[37]

惠特利一家视菲莉斯为天才，她一边接受文学和历史教育，一边创作诗歌。她得以接触一个崇尚自由与救赎的世界。1774年，她已在伦敦和新英格兰因学识广博而备受赞誉，最终获得自由身。大约在这个时期，她在给牧师萨姆森·奥库姆（Samson Occum）的信中说道："神在每个人的胸中植入了一种我们称之为爱自由的原则；它不能容忍压迫，渴望解脱；在此，我斗胆声称，这一原则在我们体内同样存在。"菲莉斯对美国的自由信念与奴隶制压迫之间的矛盾再清楚不过了："要让那些言行截然相反之人明白其行为的荒谬，我想并不需要哲学家的洞察力。"[38]

成为学生，意味着被认可为一个正在学习为未来做出选择的人。学习会激发对自由的渴望。因此奴隶不能成为学生，学生不能是奴隶。这也是19世纪中期的伟大人物弗雷德里克·道格拉斯（Frederick Douglass）所悟出的真理。在马里兰州乡村，他作为儿童奴隶饱受折磨。约十岁时，他被送往巴尔的摩，在那里他得到了关爱和慰藉。在那里，在虔诚的索菲娅·奥尔德（Sophia Auld）的照顾下，这位年轻的奴隶学会了阅读《圣经》。起初，他会躺在她脚边的桌子下假装入睡，偷偷听她诵读《约伯记》。就在他开始学习阅读《圣经》时，索菲娅的丈夫回到巴尔的摩，提醒她在马里兰州教奴隶识字是违法的。他对妻子说，读书会让这个男孩"永远不能胜任"奴隶的职责，并且"无法再控制他"。道格拉斯终身没有忘记这些话。多年后，在摆脱了奴隶身份并成为著名的废奴主义者后，他在著作和演讲中反复提到这一幕。他把奥尔德先生对妻子把奴隶当成学生的批评，视作人生中听到的第一堂废奴课。"很好，我心想。知识使孩子不再适合做奴隶，我本能地认同这个观点。从那一刻起，我看到了从奴隶通向自由的直接途径。"[39]

●

在漫长的奴隶时代，非洲人即使在最艰难的环境下也设法相互传授知识。"坑穴学校"（pit schools）就是一个例子。所谓"坑穴"，就是监工视线之外的地方。奴隶们在那里用手头能找到的一切工具教彼此读写。[40]哈丽雅特·雅各布斯（Harriet Jacobs），这位前奴隶和教育先驱，在其作品《一个奴隶女孩的生活片段》（*Incidents in the Life of a Slave Girl*）中强调，关于学习的斗争实际上是关于自由含义的冲突。她详细叙述了白人武装力量搜查奴隶住处、寻找识字痕迹的恐怖场景。"因为许多奴隶主相信奴隶识字会引发叛乱，所以只要发现煽动性的文字材料就会给奴隶定罪。"在逃离奴役后，她继续把教育视作通向自由之路。"我的头脑越得到启蒙，就越难把自己当作一件财产。"[41]在回忆录中，她讲述了自己为确保子女能成为学生、摆脱奴隶身份做出的牺牲。她还在弗吉尼亚州创办了雅各布斯免费学校，为那些曾被剥夺教育权的黑人提供通过学习实现真正自由的机会。在这所学校里，黑人教师教导黑人学生，他们共同学习。这个国家曾长期通过限制他们获取知识来否认他们的人性，而雅各布斯希望通过这种方式让他们成为这个国家真正的公民。

教育是通向自由的直接途径，任何试图阻碍它的行为都使这一点更明显。这里的自由远不止是经济独立，它意味着被完全认可为一个真正的人。道格拉斯的一生就是学习和自由之间联系的明证。他深知，在强制性的白人至上主义背景下，识字就是"带着自己逃跑"。[42]在1852年的一次演讲中，他谴责了美国庆祝7月4日独立日的行为，痛斥一边庆祝自由一边维持奴隶制的虚伪。那些动辄谈论白人优越性的人不遗余力阻止黑人获得教育的行为，暴露了他们的伪善和卑鄙。奴隶能够学习的事实揭穿了白人至上主义者宣称的自由理念的空洞，更使奴隶拥有人性这一事实痛苦地显露。为了维持对奴隶的压迫，必须阻止他们成为学生。事实上，南方的法律之所以严厉禁止教导奴隶识字，正是因为奴隶的可教性本身证明了他们拥有平等和自由的权利。道格拉斯斥责道："事实上这已经被南方法典承认了，因为那上面满是禁止教奴隶读写的规定，还有相伴的严厉罚款与处罚。只有你能指出这些规定是给田间的野兽准备的，我才会同意讨论奴隶是否具有人的尊严。"[43]在年幼做奴隶时，道格拉斯就领悟了教育的真谛：学会学习，即是迈向自由。南方州的立法机构对此心知肚明，才通过卑劣的压迫手段遏制教育的传播。北方各州则通过更隐蔽的机制实现这一点。

唯有暴力，才能支撑一个建立在数百万被强行剥夺学习机会的劳动者基础上的体系。在西方现代文明初露曙光之际，众多思想家强调了教育与自由之间的紧密联系。他们开始认识到，学生不仅是教义的潜在传播者，也不仅是手艺精湛的师父的模仿者。尽管直到数个世纪之后，这一对学生角色的理解才被普遍接受，逐渐扩展到不同性别、阶级、种族和民族的各个群体，但最终，学习的需求和成为学生的权利将传播到全球各地。

第三章

现代学生的出现

"启蒙即是人类摆脱自我强加的不成熟状态。"康德1784年的论文《什么是启蒙？》(What Is Enlightenment?)中这句振聋发聩的开场白，标志着现代学生观念的诞生。在康德看来，启蒙是一个学习的过程，其目标是摆脱"监护"获得自由。启蒙使人成长，达到可以承担责任的年龄，否则就会陷入"在没有他人引导的情况下无法运用自己理解力"的困境。自18世纪末以来，学生越来越被视作处于启蒙过程中的人。这一观念是全新的。它意味着学生应当运用自己的理解，而非依赖权威的教导。正如我们的身体成长是从爬行到独立行走，我们的思想成长意味着能够独立思考，或者至少意味着应该如此。但恐惧使很多人止步，而这正是康德将启蒙与勇气相连的原因。"敢于求知！勇敢地运用你自己的理性！"他写道，"这就是启蒙的座右铭。"[1]

康德撰写此文时，启蒙运动已被视为一场革命性的知识/文化运动。自17世纪末以来，科学和数学取得了重大进展，许多人预见这些进步将继续下去，彻底改变社会。随着世界的加速变化，传统的地位逐渐下降。当然，这并非在所有地方都同步发生，但我们看到，信仰的正当性越来越多地基于论证和证据，而非依赖权威或"不言而喻"的论调。历史学家将启蒙分为低启蒙和高启蒙，分别指代街头的文化运动和识字阶层的启蒙。前者体现在街头巷尾流传的八卦、淫秽小册子和荒诞的阴谋论中，这些使人们对权威的怀疑日益加深。后者则表现在哲学辩论中，阐明怀疑主义为何是一种值得认真对待的智识立场。康德虽非怀疑主义的盟友，却承认并赞赏那种质疑一切的精神："我们的时代是批判的时代，一切事物都必须接受批判。宗教以其神圣、法律以其威严通常试图免于批判。但这只会引发对它们的合理怀疑，而无法像那些经过自由而公开的检验的事物那样，得到理性赋予的真正尊重。"康德认为，自由与公开的审查机制，以及运用理性的勇气，必将引领我们走向进步。当人们逐渐习惯独立思考并在公共领域讨论他们的关切，他们将变得更加理性和审慎。康德写道："实现这种启蒙，所需的仅是自由。这种自由是最无害的自由，即在一切事务中公开运用个人理性的自由。"[2]当整个社会都能独立思考时，革命便可避免，审慎的改革将成为可能。在自由的滋养下，我们得以成为学生，而作为学生，我们就进一步拓宽了自由的疆界。

康德关心的并非学校里的个别学生，而是在启蒙过程中作为大写的"学生"的整个社会。在他生活的时代，一种新的教与学的风气正在普鲁士形成。教师培训日益增多，最终为所有年轻人普及了小学义务教育。康德出身于一个马具匠家庭，在柯尼斯堡（当时属普鲁士，现位于俄罗斯）接受教育。在初等学校，通常由一位老师教授阅读、写作、算术和基督教教义，之后则是更严格的训练。作为大学生，这位未来的哲学家每学期都学习拉丁文，此外他还学习了希腊语、希伯来语和法语。科学和数学较晚才进入课程，而哲学则在毕业前几个学期才被纳入。康德的学校属于虔信派，这意味着学生被期望体验强烈的宗教感情，不过据说康德更喜欢研究古典文本，而非宗教热情。在18世纪的欧洲，教育很大程度上依赖于记忆，学生需要背诵或抄写文本。学习基本上是机械的复述。康德在《什么是启蒙？》中提出的教育理念是一种愿景，也是对他自身求学经历的反思。晚年的康德曾坦言，每当回想起年轻时的"奴役"状态，他都会感到"恐惧和不安"。[3]

●

在18世纪，很少有学生会把学校与学习独立思考联系起来。尽管在欧洲很多地区，特别是在18世纪末，课程确实有所变化，但对拉丁语和机械式练习的强调仍很普遍。这些练习的目的并不仅仅是提高读写能力或熟悉礼仪。正如前一章所述，17世纪末的英国哲学家约翰·洛克提出，学生的本能需要被约束，从而把他们的激情引向美德。风俗和习惯应当形塑激情，向学生传授的思想应有助于他们成为社会中的有用之人。洛克提出了著名的观点，人的心灵起初是一张白板，但一旦开始与其他心灵交往，一些基本本能就会开始发挥作用，人要做的正是学习如何克制这些本能。学校教育在很大程度上就与约束这些本能有关。在信奉天主教的法国，神学的框架与英国有所不同，但故事的主旨大体一致：自然本能是邪恶的，教育正是训练一个人不去满足这些本能。查尔斯·罗兰（Charles Rollin）是18世纪早期教育界的一个重要人物。他是索邦大学的校长，倾向于天主教的奥古斯丁主义分支——詹森主义（Jansenism）。罗兰强调，未经控制的激情本质上是一种罪恶，儿童教育之所以重要，就在于防止这种激情被释放。对罗兰来说，宗教是这种教育的关键。宗教的结构与社会的结构是一致的，教育的任务就是确保年轻人能够顺利融入这些结构之中。这些结构——社会的道德风俗——不仅是约定俗成的，而且反映了上帝的创世旨意："这些（现有道德的）规则和法律不是人为随意决定的，而是由造物主印刻在灵魂的本质之中；它们先于一切时代存在，比世界本身更古老，因为它们源自神的智慧，而神对美德和邪恶的看法只可能有一种。"[4]罗兰希望学生能像理解自身对神的义务那样，理解对现存秩序的义务，这样他们就会愿意顺应这个秩序，而不是随心所欲地满足自己本性中的（罪恶）倾向。

尽管罗兰因詹森主义立场被迫辞去多个要职，但他在教育思想上影响深远，不仅在法国，还深刻影响了以新教为主的北美殖民地。事实上，罗兰作品的译本在美国家庭中的普及程度堪比《圣经》和弥尔顿的《失乐园》。不过，虽然罗兰的《教育论》（*Traité des études*）对教育理论做出了重要贡献，但对美国教育影响最大的却是他的古代史著作。通史是当时的流行体裁,即如小说般叙述从已知的最早文明到当代人类的发展历程。罗兰的历史从《圣经·创世记》开始,逐步讲述埃及、迦太基、亚述、巴比伦、米底和波斯等文明。不出所料,希腊-罗马世界在其中占据重要地位。与许多通史作家一样,罗兰旨在通过其作品向读者传达道德教诲,以促进人们和社会的福祉。他特别强调榜样的作用。罗马共和国的公民把公共利益放在首位,并乐于为此牺牲个人利益。正如查尔斯·萨拉斯(Charles Salas)所说:"罗兰认为教育的主要目的是增强人抵抗邪恶的能力,因此他竭力使他的年轻读者们敬仰罗马人的美德。与其说这是智识教育,不如说是对心灵的教育。"他的历史必须传授"宗教和真正虔诚的原则",必须使学生成为"好儿子、好主人、好朋友、好公民",必须使他们适于文雅社会——"有学识、有技能、有口才,并能胜任任何职业"。通过历史叙述,罗兰强调了受过博雅教育的希腊人和罗马人的美德,并用迦太基人作为反面参照,说他们的教育仅限于商业和个人私利,因此心胸狭隘且腐败。罗兰并非民主的拥护者,他对罗马共和国的元老院情有独钟,认为"在长者的智慧指导下,元老院必将战胜一个完全由轻浮的大众掌控的国家(迦太基)"。希腊和罗马的历史课应当能让学生远离任性、自私和激情,走向体现了神圣旨意的审慎、美德和为公共利益牺牲的精神,或者用萨拉斯的话说:"把潜在的迦太基人塑造成真正的罗马人。"[5]

因此,新教哲学家洛克和天主教神父罗兰都认为,教育的首要目标在于超越个人私利,学会热爱公共利益。洛克期望教育帮助心灵控制身体，而罗兰期待教育引导学生远离对奢靡的追求，因为这种追求"足以摧毁最繁荣的国家和王国"。[6]对这两位思想家来说，做学生意味着学习如何舍弃对个人享乐的追求，转而投身于为社会做贡献。

但在一个快速变化的社会中，怎么样算是为社会做贡献呢？答案并不总是清晰的。洛克逝世于1704年，罗兰逝世于1741年，他们都见证了周围社会的变革。对一个身处革命浪潮中的人来说，为社会做贡献到底意味着什么？正如洛克在17世纪80年代末经历的那样，当现存秩序不再稳固，学习如何顺应它似乎显得愚不可及。而且，这些变化并不局限于政治和宗教。随着商业企业的快速兴起，一些人致富了，他们声称自己正是在促进公共利益。一些启蒙思想家主张，追求个人利益实际上有助于增进邻居的福祉。在这个政治、经济和科学变革的时代，教育领域的作者们开始认为，对个人成就的追求将有益于社会进步。学生们应当能够为自己和社会探索出更好的生活方式。

知识的传播在18世纪是一个极具争议的话题。一方面，正如康德后来辩护的那样，有些人把知识的传播视作迈向更正义世界的稳健进程的一部分。另一方面，也有人担心向普通民众共享信息可能引发社会动荡。在这样的背景下，18世纪50年代，公共知识分子/哲学家丹尼斯·狄德罗和让·勒朗·达朗贝尔发起了《百科全书》(*Encyclopédie*)这一非凡计划，旨在收集和传播世界知识，以字典形式编成一部多卷本作品。这部作品包括十册插图和二十一册文字，共收录由一百多位作者撰写的七万多篇文章，从芦笋到黄道十二宫无所不包。[7]狄德罗作为项目的主编，更是亲自撰写了约一万篇文章！[8]

经济学家兼记者乔阿希姆·法格特·德·维尔纳夫（Joachim Faiguet de Villeneuve）为《百科全书》撰写了约二十篇条目，内容涵盖从宗教到数学的广泛领域。他致力于提高商业效率，同时削弱教会的影响力。18世纪40年代末，他在巴黎的一所寄宿学校担任校长，撰写了《百科全书》中的"研究"（Études）条目。法格特对学校只注重死记硬背、不重视技能培养的教育方式提出了尖锐批评。当时七至十六岁的学生主要学习拉丁文写作，这确实培养了一些良好习惯，但其应用价值却相当有限。"这样做公平吗？"法格特质问道，"为了成就少数人在一种多半无用的技能上的完美，就牺牲大部分学生，浪费他们的时间和金钱？"在百科全书派看来，学校应该帮学生为生活做准备，不是通过鼓励模仿老师的腔调，而是学习毕业后实用的技能。"教育不就是学习生活中必须知道和掌握的东西吗？"法格特反问，"那么，将年轻人的教育局限于拉丁语作文和韵文，能实现这一宏伟目标吗？"他的回答当然是不，学生们真正需要的是"设计、算术、写作、基础几何、地理、音乐等方面的技能"。[9]与罗兰的观点截然相反，法格特想让罗马人学习迦太基人的技能！

《百科全书》中关于学习（learning）的条目是狄德罗亲自撰写的。他写道："学习就是努力变得有知识。学习就是学习成功。"[10]《百科全书》整个计划的宗旨就是帮助读者在正规教育之外学习，通过做这些有独立思考能力且已探索过世界的作者的学生,来获得关于世界的知识。这样的学生大概率将发展出独立探索世界的欲望和能力。

百科全书派将自己与早期的抽象思想家区分开来,认为那些思想家只是把真正的理解混淆为与实际经验脱节的术语。在"经院哲学"(School, Philosophy of the)这一条目中,达朗贝尔在描述经院哲学的遗产时,直言不讳地说:"它用语词代替事物,用琐碎而荒谬的问题代替真正哲学的重大课题,用生僻的术语解释难以理解的事;它催生或推崇普遍性、范畴、困境、形而上学层次、第二意图以及对虚无的恐惧等概念。这种哲学源于心灵和无知。"[11]达朗贝尔所指的"经院"是天主教会的经院主义学术,但他必须谨慎行文,以通过法国教会的审查。然而,他的意思对18世纪的读者来说已足够清晰。以前的思想家或受宗教束缚,或受模糊的普遍概念束缚,用一个谜语解释另一个谜语。《百科全书》的学生应当成为探究者,而非盲信者。我们的人生不应以坚定的信仰为地基,而应拥抱怀疑,狄德罗(带着对笛卡尔的敬意)强调:"学得好的意思就是学会怀疑。"此言一出,我们已从对拉丁诗句的死记硬背中解脱,迈向了康德所言的独立思考。正如狄德罗自己在关于学习的条目中总结的:"我们通过倾听来学习。我们通过提问来教导自己。"[12]

●

到了18世纪下半叶,西欧的学生已不再仅仅是知识的被动接受者，而是实用技能的获取者，以及能对世界提出建设性质疑的个体。与此同时，另一种理念开始兴起——它既与康德的启蒙理念相联系，也与后来的"以儿童为中心的教育"相呼应。关键人物是让-雅克·卢梭，在上一章中他以一位不满的学徒的形象出现。作为政治哲学家和教育理论家，卢梭对启蒙时代的理性观念以及后来浪漫主义的自然发展理想产生了深远影响。卢梭是一位充满矛盾和复杂性的思想家。他最著名的作品《社会契约论》以一句广为人知的话开篇："人生而自由，却无往不在枷锁之中。"但在这部作品中，他探讨的正是何种情况下这些枷锁可以被视为正当。卢梭不仅为《百科全书》贡献了文章，还对艺术和科学的社会价值提出了质疑。在他广受欢迎的教育论著《爱弥儿》中，卢梭的儿童教育观与洛克和罗兰截然不同，他不希望教育压抑儿童的激情。他认为，儿童并非充满无序本能或罪恶欲望，而是一个自然的存在，只要周围环境未被过度腐化，他们就能学会与之和谐相处。在《爱弥儿》的序言中，卢梭写到，虽然他承认自己的教育方法可能并不适合所有人，但真正重要的是成年人应更细致地观察孩子。他建议教师把注意力放在学生身上，并努力理解他们的世界。"首先要更仔细地研究你的学生，显然你对他们一无所知。"[13]卢梭坚信，当教师真正了解他们时，会发现他们天性善良。教育者的职责就是培育这种内在的善良，并在儿童探索周围世界时保护他们的安全。不要给他们上课，更不要让他们死记硬背物理或道德的格言。相反，应让他们以自己的经验为师。让他们通过面对世界固有的局限来学习。比如，一个人可能会在冰上滑倒，或从高处跌落而受伤。这种学习方式虽然很难，但总比让他们背诵由某些权威人物强加于自然之上的法律或规则要好。

在卢梭的设想中，理想情况下，儿童在青春期以前都应该由家庭教师在与外界隔离的环境中进行教育。在婴儿期之后，母亲的角色应淡化，而父亲则完全不参与。明智的导师深知，他人的存在会诱使个体为了获得认可而扭曲自我，因此应在学生进入社会生活前培养出保持本真自我的韧性。教育的目的在于保护年轻人免受那些使他们偏离自然本性、追求他人认可的力量。卢梭观察到，学生通常对赢得权威人士认可有所依赖，这被他视为对学生真实自我的扭曲。因此，卢梭认为老师的任务是引导学生建立以同情为基础的人际关系，而非竞争或虚荣。最终，学生会将老师视为顾问和朋友，而非权威人物。通过以经验为师，学生逐渐意识到自己具备独立思考的能力，从而走向成熟。值得一提的是，康德对卢梭极为推崇。

当然，爱弥儿是个男孩，卢梭的教育观念既受到他个人偏见的影响，也深受他所处时代的性别偏见束缚。尽管这位哲学家也把目光投向了一个小女孩，苏菲，但她主要是作为爱弥儿的伴侣来培养的。女孩的教育旨在使其适应一生的从属地位。相较于发展自由的天性对男孩的重要性，女孩必须学习的是克制。这种克制带来的是一种"女性一生都需要的顺从性，因为她们从未停止受制于男人或男人的评判，也永远不被允许超越这些评判"。卢梭认为，女孩通过学习顺从来学习如何胜利，因为她的"温柔"最终会让她以甜蜜的方式控制她的男性伴侣。[14]

18世纪中期的英国作家兼哲学家玛丽·沃斯通克拉夫特（Mary Wollstonecraft）在成长过程中，深受卢梭政治著作以及他关于"正当法律应由人民自主制定，而非由神授的君主强加"的理念启发。但她强烈反对卢梭将小女孩的教育定位于服从。毫无疑问，她从自己的艰难经历中深刻体会到生活和教育的意义。沃斯通克拉夫特成长于一个由暴力且酗酒的父亲控制的家庭，并为学习能够帮助她逃离这一环境的技能而不断奋斗。起初，她通过与以缝纫和针线活为生的女性亲友同住逃离了自己的家庭。后来她们共同开办了一所女子学校。教学工作让她对认识这个世界产生了更浓厚的兴趣。她最早学到的一课便是，接受教育是一条通向独立之路——至少可以摆脱父亲的家庭以及包办婚姻的威胁。作为一名教师，沃斯通克拉夫特主张，认为女孩无法成长为能自主运用理性的个体纯属偏见。在她的著作《女权辩护》（*A Vindication of the Rights of Woman*，1702）中，她指出，男人（包括卢梭）并未真正用他们的理性思考过教育男孩和女孩的重要性："只有意志足够坚定的人才能不人云亦云。由于一种普遍的智识怯懦，许多男人要么退缩于这一任务，要么仅仅完成一半。"足够坚强和勇敢的心灵会认识到，所有人都值得获得"最完美的教育……一种既能强健身体，又能塑造心灵的对理解力的练习……帮助个人养成独立所需的美德习惯（habits of virtue）"。她提出的"美德习惯"呼应了斯多亚主义的古典传统，也与卢梭挖掘儿童潜能的观点不谋而合,只是她希望女孩也能"解放她们的潜能"、实现更大的自主性:"将那些其美德并非源于对自我理性的运用的人称为有德之士,这本身就是荒谬的。这是卢梭对男人的观点,我将它延伸至女性。"[15]

沃斯通克拉夫特强调,一位具有良好判断力和爱心的导师——就像她自己那样——对年轻女孩的成长具有深远影响。即便是优秀学生也需要从一位有经验的成年人那里学习,明白尽管竞争和虚荣常驱动着他们周围的许多人,但她们可以通过运用理性和同情寻到美德。成为一位好导师,是证明自己在女孩时期是好学生的一种方式,不过在沃斯通克拉夫特看来,学习不仅仅和优质的教学有关。与卢梭不同的是,沃斯通克拉夫特主张学生应该在集体中接受教育。与其担心学生在群体中滋长虚荣心,她更担心年长教师对年轻人的负面影响——迫使他们太早成熟。孩子们应当学会独立思考,而非模仿导师,共同学习将让他们"敞开心扉,建立友谊和信任,进而逐渐形成更广泛的仁爱之心"。[16]在社会中实现自主,需要年轻人发展内在力量,如此才能获得面对生活的种种挑战需要的韧性。这种独立性正是教育的核心目标,无论对男孩还是女孩。沃斯通克拉夫特太清楚社会对女性的种种批评,以及那种认为女性的天生缺陷注定了对这种"轻浮造物"进行严肃教育是浪费的观点。她的回应颇为犀利。她指出,女孩被教育成顺从者,却又因按照被迫的弱势地位行事而受到批评。只有接受恰当的教育,女性才能充分展现她们的真实潜能。她批评卢梭对男女启蒙可能性的悲观态度,敢于设想一种适用于两性、通过自主性引导他们走向自由和美德的教育。[17]她设想的自主性不是对个人愉悦的追求，也不是在市场上取得成功。与卢梭类似，她希望学生能够树立自我意识，树立一种本真性（authenticity），这种本真性使他们不再依赖于他人的认可。女性必须得到足够的启蒙，不再寻求掌权者的认同，男性亦然。[18]学生就是那些认识到自身具备达到"完美"的潜能，并通过实践发掘潜能，最终实现独立的人。那些天生官能能够使男孩和男人成为学生，也能够使女孩和女人成为学生。

●

学生是否应模仿社会，以便在其中找到属于自己的传统位置？包括卢梭和沃斯通克拉夫特在内，许多教育哲学家给出的答案都是否定的，但18世纪中期的大多数学校都对他们的观点置若罔闻，依旧强调背诵和复述老师的话。学生就像孔子的追随者，寻找着与周遭环境和谐相融之道，或者如耶稣的门徒般被命令"跟随我！"，融入与模仿仍然是做学生的重要部分。直到18世纪末，这些哲学家的观点才逐渐受到重视。随着启蒙运动中的批判思想的广泛传播，许多人开始把学生视作与苏格拉底的对话者一样学习如何质疑现状的人。学生们正在一条通向自主之路上，其目标是从康德称为"不成熟"的状态中——因政治、宗教或传统的束缚而无法独立思考的状态——解脱出来。教育的目标不再局限于经济独立，而是培养学生形成自己判断的能力,这正是自由的关键组成部分。从新闻工作者到大学教授,从政府官员到教师,越来越多的公共领域参与者支持这种更全面的教育。他们强调,学生应在启蒙的过程中成长。

随着教育与启蒙之间联系的不断增强,欧洲的大学也开始受到影响。这些大学历来是教会权威的堡垒,里面的学生虽然有一些不服管教的行为,但仍然在学会融入体制和模仿师长。到了18世纪后半叶,随着新研究领域的兴起和公共文化对独立思想价值的重视,大学也开始发生变化。一种新的学生观开始形成,它与新的教授观有着紧密联系。大学教授不再只是传授学生复杂知识的导师,他们在教学过程中也在探究开放性问题、学习新知。用康德的话说,他们并非已启蒙者,而是和学生一样,处于启蒙的过程中。这种持续探究的理念在教授中引起了讨论,并对后来被西方称为"终身学习"的理念产生了重要影响。

独立思想和开放探究的理念引出了一种新的大学理念——大学是研究的场所,是知识创新的源泉。这使大学与中等教育学校和职业学院区别开,也意味着众多大学生应积极参与知识的创新,而不是被动接受知识。这种新的大学和大学生理念在威廉·冯·洪堡1809年的论文《论柏林高等科学机构的内部和外部组织》(On the Internal and External Organization of the Higher Scientific Institutions in Berlin)中得到了有力阐述。[19]洪堡被任命为普鲁士教育改革部长,在他上任之初,很少有人预料到这位年轻官员会在此文化背景下,为大学构想出一套全面的改革愿景。但洪堡做到了。他创造了一个学术和学习自治的理想模型，对后来的现代研究型大学产生了深远影响。[20]这种大学理念最终也深刻影响了我们如何理解学生。

洪堡自幼在家接受教育，直至高中，并重点学习古典传统。古希腊文化和文明的浸润在他身上留下了深刻的印记。当他进入大学时，他深深沉醉于德国启蒙运动的思想，并接触到了当时哲学、语言学和科学的顶尖人物。他在流行康德思想的哥廷根大学求学，努力理解1789年夏天席卷法国的大革命的深远影响。洪堡后来投身普鲁士的公务员系统，在担任过一段时间的外交大使后，公共服务系统给了他一个针对法国文化的迅猛扩张给出独特的德意志式回应的机会。[21]拿破仑对法国高等教育进行集中化管理，建立了大学校（grandes écoles），从而把国家政府与高等教育紧密联系起来。至少在理论上，法国实现了研究人员和教学人员的分工，但二者都服务于国家需求。

与此相反，洪堡希望现代普鲁士大学成为教学和研究紧密结合的场所。他认为，这些活动若能在没有国家干预的环境下开展，对国家最为有利。他的这一观点常被认为与20世纪称作"学术自由"的理念紧密关联，即在不受政治或商业利益干扰的情况下自由开展研究。他写道："这些机构唯有在尽可能纯粹地追求科学时，才能实现其目的。因此，孤立性和自由是其活动的核心原则。"无论是神学、生物学还是历史学，追求科学知识都意味着无止境的系统性探究和开放的发表与讨论。这种追求是大学与中学的根本区别:"高等科学机构的显著特点是,它们始终将科学视作尚未完全解决的问题,因此持续开展研究;而中学则仅处理和教授已经完成且达成共识的知识。因此,师生关系将与以往大不相同。教师并非为学生而存在,而是师生皆为科学而存在。"[22]

科学这一理念,即所谓Wissenschaft,内涵广泛,涵盖了所有涉及理性探究和公开论证的学科。追求知识需要自由——不仅仅是不受审查的自由,还包括以学者认为最适合研究对象的方式组织研究的自由。根据这种大学理念,学生学着为知识本身而欣赏它,而不是为了职业教育的即时满足。否则,那些寻求实际成果的人将毁掉孕育这些成果的知识之树。知识之树——科学本身——必须被允许以自己的方式生长。洪堡写道:"关键挑战在于坚持这样的原则,科学被视为必须无止境地追求的事物。"我们在此听到的,是康德关于启蒙作为一个持续过程而非最终状态的理念的回响。对洪堡来说,科学和启蒙是一回事。

有两个源自洪堡的理念,对理解学生在这种教学与研究日益结合的机构中追求什么至关重要。其一是学自己想学的东西的自由。在法国的教育体系中,全国学生都采用一套统一的课程。洪堡构想的教育机构则让学生根据自己的兴趣进行探究。需要说明的是,他也认为某些学科(比如语言和语言学)对所有人文学科的探究至关重要。此外,与他认为教授需要独立性一致的是,他相信探究的自由能激励大学生跨越学科界限探索新路:"从中学到大学的过渡是青年成长的关键阶段。若学校教育得当，学生将进入一种纯粹状态，得以在身体、道德和智力上都获得自由和独立。摆脱外在束缚既不会使学生陷入懒散，也不会使他们过早涉入实际生活，而是会使之内心深处涌动着对科学的向往，在此前他们只能遥遥望着这种科学。"[23]洪堡坚信，只要人被规定了必须学习什么，独立思考就会变得困难。如果学习的动力与自由相结合，那么探究的不断进步便能实现。

理解洪堡大学学生体验的第二个关键概念是"教化"（Bildung）。这一理念形成于德国启蒙运动，代表一种远超记忆、远超任何职业技能训练的教育。教化的目标在于把学生塑造成完整的人，使其各项能力在复杂而统一的体系中得到发展。再次强调，这里的关键并非达到某个最终目标或启蒙状态，而是投身于一个自我主导的过程，激发探究者的活力，并为发现找到新的路径。洪堡认为，教育应当把"自我与世界连接起来，达到最广泛、最活跃、最无拘束的互动"。[24]这应当在研讨会中进行，也应在学生间的日常随意交流中展开。营造自由交流思想和经验的氛围至关重要，因为无压力的环境自然会涌现出意想不到的个人和共同体的成长机会。[25]在充满学习氛围的自由环境中，学生们会踏上康德在《什么是启蒙？》中提到的自我决定之路。当学习成为他们日常生活的一部分，而非仅仅是教授安排的任务时，他们就可以毕业，或是成为新一代教育者了。显然，能够自主学习而毕业并不代表着教育的终点，这仅仅意味着你将更自由地决定自己未来成长的方向。

●

洪堡不仅是大学和教育的理论家。作为全面负责改革普鲁士教育体系的官员，他采取了具体步骤来实现重大改革，推动了从小学到大学的一体化学习方法。每个学科和学生教育过程中的每个阶段都作为整体的一部分而具有意义。他创立的柏林大学（现名洪堡大学）更是这一体系的巅峰之作。洪堡对于大学作为一个致力于追求具有"内在精确，和谐和美"的科学的机构的视野非常宏大。[26] 那么，在实际的普鲁士大学中，做学生又是什么样的体验呢？

在洪堡时代，曾赴德国大学留学的美国人记录了他们所观察到的学生生活。尽管教育理念充满现代气息，但学生文化却显得颇为老派。19世纪初在哥廷根大学求学的美国学者乔治·蒂克诺（George Ticknor）对学生们如何根据传统地域关系和荣誉规则组成社团印象深刻。他报告说，学生生活的这一"体系"是自洽的，他们决心执行自己创造的规则。虽然这一体系有时显得任性甚至暴力，但它"在他们彼此的行为中……引入了一定程度的秩序和礼仪，以及一种绅士精神。这是其他任何方式都无法赋予那聚集在一起且没有任何责任感的一千名年轻人的"。[27] 蒂克诺还描述了他与敬业的导师的合作，以及一天参加三场讲座的安排。"只要健康状况允许"，他就每周额外学习九个小时。显然，他对自认的刻苦努力而自豪。与美国学生相比，德国学生在选择学习科目方面拥有更大自由。德国教授也可以基于自己的研究开课，而不受限于必须重复采用既定经典文本的课程内容。这位年轻人深受这种学术自由的感染，并预言如果美国人能更自由地选择学习内容，他们对学业会更加投入。蒂克诺也对德国大学与实践和政治生活的分离大为震惊。大学处在自己的独立世界中，这使他们的大学教授显得过于偏重理论。"科学家的生活完全与世隔离。这个在德语区欧洲的学术共和国也与环绕它的众多小政府毫无联系。"[28]当然，大多数学生只是暂时进入这个孤立的学术世界，但他们决心充分利用那里的自由。不过，这不仅仅是选择学习什么的自由，学生们在那里建立了属于自己的兄弟亚文化（fraternal subcultures），包括男子气概仪式和庆祝，这套文化覆盖他们的整个在校期间。

在蒂克诺离开哥廷根几十年后，语言学家兼教授詹姆斯·摩根·哈特（James Morgan Hart）发表了一份关于普鲁士学生生活以及他在普鲁士的教育经历的报告。哈特在新泽西州长大，本科就读于普林斯顿大学，19世纪60年代赴欧洲深造。他着重描绘的是普通学生的日常生活，而非明星教师或明星学生。"若我在哥廷根求学期间取得非凡成就，充满激动人心的篇章，那我或许会犹豫是否公开它。但正因我的经历如此平凡，与其他同学的生活如此相似，所以我才认为它是一个说明的样例，而非模仿的模板。"[29]事实上，哈特确实有关于改良美国高等教育的观点，这贯穿在报告对美国和德国高等教育体系的比较中。

哈特注意到，德语区大学的新生入学年龄比美国大学要大几岁，更重要的是，他们的新生在语言、数学和科学方面的水平甚至远远优于美国最好的高中所能提供的教育。[30]不过，这并不是说哥廷根大学的一年级学生来到这里就是为了成为学者。和蒂克诺一样，哈特也对学生文化印象深刻，尤其是俱乐部、决斗和饮酒仪式。学生们几乎每晚都三五成群地前往酒馆，那里"氛围昏暗，烟雾缭绕，学生们围成一圈，抽烟、喝酒、大声说话。一两个学生甚至在房间角落里练习'切击'（击剑动作），对任何不小心靠近的人来说，耳朵和鼻子都有危险"。哈特对这种男性间的友谊和随意的暴力行为很着迷，尤其因为它们与大学常提及的教化和科学研究的崇高话语形成了鲜明对比。

虽然他们自己对仪式化的暴力并不陌生，但美国人还是对德国人的决斗文化兴味盎然。这种做法在美国曾一度盛行，但到19世纪50年代，其热度开始减退。哈特奇怪的是，这些未来会成为学者的大学生，为什么如此热衷于决斗，甚至费尽心思主动寻找机会，用剑来维护自己的荣誉。"众所周知，十分之九的决斗都是在没有任何真正挑衅的情况下发生的，可能只是街上的一次偶然碰撞，抑或某次稍微过分一点的玩笑。学生们有一套自己的荣誉规则，即一系列除非受到挑战否则不能随便使用的表达，同时也是若被冒犯则必须以愤怒回应的表达。"一年级学生尤其容易受到决斗的诱惑，而哈特则嘲笑他们拙劣的击剑技巧和奇特的服装。"撇开流血不谈，"他写道，"决斗者的整体外观非常滑稽。护垫、领带和眼镜让他们看起来像一对穿着盔甲的潜水员。"他惊讶于许多学生"脸上和鼻子上缠着绷带四处走动"。最后他总结说，虽然学生间的决斗是"一种可恶的胡闹",但毕竟"比街头斗殴要好"。[31]

尽管喝酒、兄弟会和决斗吸引了他的注意力,但哈特更关心的是德国学生所享有的自由,这与美国本科生受到的"监护"(用康德的话来说)形成了鲜明对比。在德国,一旦学生完成了文理中学(gymnasium,相当于高中)的学习,他们就被认为已经"成熟",可以享受洪堡大学核心理念中的学习自由。在大学里,他们可以选择是否参加讲座和研讨会。智力工作也不再以考试成绩为目标。他们不像美国大学生那样以年级或班级为单位进行学习。换句话说,他们被作为能自主决策的成年人对待。"如果不把这种道德自由和直接的个人责任作为研究起点,我们就不可能理解德国学生的特质。唯有这样,我们才能理解他们一方面极端地无法无天,另一方面却又是勤奋学习的典范。无论是他们的怠惰还是他们的勤奋,都显示出了一种生猛(intensity),而这正是美国大学里找不到的。"哈特认为,美国本科生缺的正是这股生猛劲,因为他们被当成孩子对待。"在整个四年大学生活中,学生会感到自己被视作无法独立判断和行动的人,觉得自己的大学生活只不过是高中生活的延续。"美国大学推迟了学生的自主性,因为它试图严格指导学生的学习、控制他们的社交生活。借用康德《什么是启蒙?》中的话,美国的大学让学生保持不成熟这件事变得太容易了。从高中升入大学,就算是离家求学,学生依然受到某种家长式责任的监护,监护者觉得要对你的幸福负责,更重要的是要告诉你学习什么、跟谁学习。

"而德国学生则完全相反,当年轻的Primaner(即文理中学毕业生)获得文理中学颁发的足够'成熟'可以进入大学的证书时,他就知道自己的中学生时代已经结束。从此,他将永远不再和课程、分数、成绩、监护和教学安排打交道了。他是一个自由的年轻人了,可以挑选自己的课程、老师、住所、工作时间,乃至全权规划自己的生活,完全靠自己的能量和才华决定成为什么样的人。"[32]

赋予学生自由意味着教授们并不监督本科生的教育,而是与他们共同开展探究,即洪堡所理解的对科学的追求。对洪堡来说,关键在于避免任何"外部强制"。[33]如果本科生选择浪费自己的时间、不去上课等,那是他们自己的事。哈特观察到,许多一年级新生起初确实会如此,但随后就会意识到自己应承担起参与和主导自身教育的责任。哈特还洞察到,"他之前的放纵行为,反而磨砺了他的才智,使他的性格更加坚定"。他还指出,教授与学生之间的关系并不特别亲密,但足够融洽。在美国,学生被当作孩子,因此教授们常需承担家长的角色,执行纪律。他强调:"在美国,许多教授们的首要困扰——承担警察式管理和纪律责任,在德国并不存在。"在一所真正的研究型大学里,教授们不需要"浪费宝贵的时间去判断史密斯究竟是真的得了麻疹,还是在装病"。[34]

吸引这位美国来客的不仅是教与学的自由,还有平等:"大学生活无疑有一个显著优点:它让所有成员处于完全平等的地位。在决斗场和教室里,等级的区分不复存在。大学法庭……不分高低贵贱。最普通的理发师或店主的儿子不会得到稍微不公的待遇，伯爵或男爵的儿子也不会得到超越公正的特权。"在最好的时光里，学生们"因思想的独立和行动的自由而团结在一起"。哈特深深着迷于这种增强本科生责任感的理念，这种责任感也延伸到对知识的追求："无论学习什么，他都既有诗人般的热情，又有科学家般训练有素的技能。"哈特叹息这种结合在美国教育体系中并不存在，因为美国大学倾向于把学生当作幼稚的孩童，导致他们在智力上依赖，在社交上轻浮。相比之下，德国学生学习的正是为自己负责——"在长达三年的时间里，他每一天都感到，必须自己权衡一切、自主判断。"[35]回到康德《什么是启蒙？》中的主题，自由并不意味着学生已经启蒙，它实际上意味着学生正处于启蒙的过程中。当然，必须承认，他们都是男性。总有一天，女性也会进入大学，但这一天的到来要等到19世纪与20世纪交替之际。

哈特对其哥廷根求学经历的反思，显然旨在推动美国教育者接受即将形成的美国研究型大学模式。但在美国，许多教授反对让学生在课程选择和安排时间方面拥有过多自由。美国高等教育向来注重"品格塑造"（character development），除了基督教道德主义传统外，还包括把学生从个人事务引导到关注社区需求上。难怪罗兰的观点在殖民地和早期大学中引发了如此强烈的共鸣！美国最古老的那些大学都隶属于教会，它们一直对学生生活中可能出现的罪恶倾向保持警惕。哈特所赞赏的那种自由，必须与美国高等教育极为重视的品格培养结合起来。我们能否简单地认为，只要是天性的自由发展，无论出现什么品格都是好的呢？如果你认为人的天性中总是存在罪恶的一面，那肯定会给出否定的回答。在美国，当大学声称知道什么是"好品格"时，它们似乎觉得有责任引导学生朝这个目标前进，在这个过程中自然要限制学生的自由。从早期的着装规范到当代的言论规范，争议从来不断。

当然，哈特关于自由和教育的观点，与托马斯·杰斐逊等美国启蒙时期的思想家相契合。作为弗吉尼亚大学的创始人和美国第二任总统，杰斐逊强调，教育应"使每个人能自主判断什么能保障或威胁其自由"。[36]教育的政治和道德核心在于培养学生独立判断的能力，使他们能有效抵御外部强制。正如其后来被称作的那样，杰斐逊的弗吉尼亚大学旨在成为驱动探究的引擎，通过养成学习和反思、研究和对话的习惯，推动学生和教师共同进步。"教育能培养专注、有序的习惯和对美德的热爱，同时通过习惯的力量，克制我们道德组织中天生的偏差。"[37]这种道德组织的一个重要方面便是在学习中实践自由，在这一点上，弗吉尼亚大学比美国其他院校更接近洪堡模式。在夏洛茨维尔（Charlottesville），*学校的计划是让学生在选课时享有"无限制的选择权"，以便他们能在对自我和世界的认识不断深入的过程中调整学习方向。

但当学生们想到自由时，他们考虑的当然远不只是选课。在美国，本科生强烈抵制任何试图限制他们行为的做法。在

---

* 弗吉尼亚大学所在的城市。

杰斐逊先生的大学中，那些让学生不高兴的教授往往会遭到嘲弄甚至身体伤害。学生们的"酒后闹事"让负责管理这座庄严学府的人十分头疼。与德国同行不同，美国的管理人员和教授认为他们有义务监督学生的非学术生活。当美国的贵族子弟们到德国留学时，他们碰到的是来自中产阶级的德国年轻人，而在19世纪，大部分美国大学生都出身富裕家庭。他们不愿意被学校的普通教师指挥。在弗吉尼亚大学，持枪的学生时不时占领校园。这些本科生并不关心选课自由，他们更在乎携带武器、喝酒和组建秘密社团的自由。哈特描绘了哥廷根大学的学生进入自由学术探究的成人世界，但在许多美国校园，学生们想要的是不被成人干涉、想干什么就干什么的自由。

叛逆的学生或许正在享受"不成熟的便利"（借用康德的说法），但他们只是在推迟成为负责任社会成员的那一天。拉尔夫·沃尔多·爱默生对此深感担忧，因为他认为学生们实际上学到的是一种顺从。幼稚的本科生叛逆行为预示着他们成年后会迫切地渴望融入他人。反抗教师权威并因此自视为叛逆者未免太容易了，这其实不过是顺从同伴群体的表现罢了。

爱默生关注的是我们如何感知世界，以及我们的直觉如何与世界合作，从而产生新的思考和感受方式。他视心灵为与世界积极互动的伙伴，而非被动接受世界印记的空白画板。教育不仅仅是吸收通过探究和实验获得的知识，还包括对自我的自觉乃至培养。学生教育的目的不仅是知识的积累，甚至不只是品格的塑造，还是自我的转变。如果说洪堡的教化理念侧重于个体在社会中有层次地成长,那么爱默生则构想了一种与世界更为丰富的互动——这种互动甚至会转变一个人的自我。洪堡认为,研究型大学重新定义了师生关系,因为师生都应服务于科学。这意味着双方都在同一个学科里为了知识进步而工作。而爱默生对此有不同见解:"我们教男孩成为我们这样的男人,并不教他们成为他们所能成为的一切。"爱默生呼吁我们不要通过让学生加入某个学派或认同新的教条来制造出仅仅是追随者的学生。否则无异于"剥夺他的自由,束缚他的双手,将他囚禁,并把钥匙交给别人保管"。[38]

对爱默生来说,追随某个学科或学派的指引太过狭隘,这会封闭学生接触其他经验的可能性。他写道:"高等教育应当用自然和历史的材料激发学生的精神和智慧,而不仅仅是教他们如何吸收这些知识。"他坚持认为:"唯有在目标不再是训练,而是创造时,大学才能真正发挥其价值。倘若它能广纳四方英才,把千差万别的人们汇聚于包容的殿堂,通过集中的火焰点燃年轻人内心的激情,它便能实现真正的功能。"[39]他相信,只要大学能激发学生,那吸引他们并非难事:"如果大学变得更好,如果它能传授有价值的思想、创新的原则、能转化为力量的真理和能转化为才能的思考……我们一定争相前往求学。届时,你们无须费心设计如何吸引学生,反而需要在门口设置警察来维持涌入人群的秩序。"[40]

康德希望学生能像成年人一样思考。在此基础上,洪堡强调科学研究的重要性,将之作为使学生更有成效地思考的方式。爱默生则更进一步,他希望学生保持对世界和自身灵感的开放态度，从而重新发现自我和周围环境。当然，学生要学习特定知识和某些技能，但这还远远不够："我们训练他们的理解力，以便他们能掌握和比较某些东西、能运用数字和语言。我们旨在培养会计师、律师和工程师，但却不培养能力卓越、做事认真、心胸宽广的人。教育的伟大目标应该与人生的目标相称。"[41]

爱默生对学生的期待远不只是哈特描述的德国大学中那种拥抱学习自由的成熟。他主张学生应广泛接纳来自各方的启迪，始终对自我修养保持开放态度，不断接受新的刺激。他写道："孩子在玩耍中，学会了光、运动、重力和肌肉力量的作用。而在人类生活的游戏中，我们学会爱、恐惧、公正、欲望、人、上帝，以及它们的相互交织。这些法则无法被完整表述，既无法写在纸上，也没法用语言说出。它们总是避开我们孜孜不倦的思索，却时时刻刻出现在我们彼此的脸上、行动上，以及内心的懊悔中。"在爱默生看来，了不起的学生应该像孩子一样始终保持开放，不断从他人那里寻找洞见和灵感。他们确实需要老师，但不是作为知识权威或方法主宰的老师："说实话，我从另一个灵魂那里获得的不是教导，而是启发。"[42] 好学生会被启发，远离盲从。

爱默生坚信，真正的教育不是教一个人如何融入社会、追随大众或克里斯玛领袖，而是让他们找到属于自己的路。他建议学生观察一切，但永不模仿。学生应当"抵制那种使人不断退化为野蛮的庸俗繁荣"，不在市场上出卖灵魂。[43] 教育不应与那种用于出卖的技能训练相混淆，只想着将之卖给别人或者进入别人的企业。学生应当学会成为完整的人，而不仅是附属品，这要求不断质疑自己正在做的事情。学会用自己的脚走路、积极行动、勇于尝试新思想，这些是自立的美国学生的任务。[44]图书馆里的年轻人以为自己的职责是接受西塞罗、洛克和培根的观点，却忘记了西塞罗、洛克和培根写下这些书时也只是图书馆里的年轻人。[45]爱默生说："我颠覆一切。对我来说，没有什么事情是神圣不可侵犯的，也没有什么行动是亵渎的。我只是在实验，只是一个不背负任何来自过去的负担的永不停歇的探索者。"[46]这些观点听起来有几分苏格拉底式批判传统的意味，但这位美国人比他的雅典先祖更为积极肯定、更少讽刺。他不仅希望读者认识到自己的无知，还希望他们拥抱对冒险的渴望。他设想了一种积极又独立的学生形象，他们生活在一个充满活力，且正通过拒绝欧洲旧世界的监护宣告自己的独立与成熟的国家。

第四章

大学里的学生：成长多艰

当美国学者詹姆斯·摩根·哈特回忆19世纪60年代在哥廷根的求学岁月时，德国尚未统一成一个国家，美国正陷入血腥的内战。短短几十年后，德意志帝国便拥有了世界上最负盛名的大学，美国南北两方的优秀学子都向往到那里学习严谨的德式研究方法；在1892年，其中最了不起、最有才华的学生之一便是二十二岁的W. E. B. 杜波依斯。杜波依斯后来成为把学习视作通往赋权和自由之路的最重要倡导者之一。他在多种学校环境中的经历，深刻反映了现代社会关于"谁可以成为学生"和"做一名成功学生意味着什么"的理念。

尽管杜波依斯将他在马萨诸塞州西部农村的成长经历形容为"男孩的天堂"，但他常是各种聚会中唯一的黑人。使他与众不同的不只是种族。杜波依斯在校成绩极其优异，以至于邻居们集资支持他在高中毕业后继续深造。为资助这位年轻人而设立教育基金的大巴灵顿镇居民认为，与其让他留在新英格兰，不如让他去一个有更多黑人人口的南方城市，他在那里可能更自在些。因此杜波依斯去了一所位于纳什维尔（Nashville）的私立黑人学校菲斯克大学（Fisk University）。

但正是在南方生活期间，杜波依斯第一次真正体会到暴力威胁下的种族压迫的残酷程度。在攻读学位期间，他为了维持生计在校外打工，由此得以直面吉姆·克劳（Jim Crow）时代的种族隔离现实。尽管他此前在伯克夏（Berkshire）县山区没有父亲也没有钱的成长经历很难称得上轻松，但在东田纳西乡村一所没有窗户的教室里教孩子们读书还是突破了他对种族隔离的想象。当然，有些记忆还是温馨的："我们一起阅读和拼写，写些小文，采花、唱歌，听一些山以外世界的故事。"[1]但这种怀旧总是会被现实冲淡：在菲斯克周围，种族隔离依旧盛行，种族主义的暴力威胁无处不在。在这样的背景下，杜波依斯将教育视作一种赋权的方式，这段早期教学经历也成为激发他对未来从事事业产生兴趣的契机。

与当时大多数黑人高校一样，菲斯克大学实行男女同校，其课程体系植根于博雅教育传统。这所学校由新英格兰的公理会教徒创立，用传记作者大卫·莱弗林·刘易斯（David Levering Lewis）的话来说，这些公理会教徒"致力于培养非裔美国人版的新英格兰绅士淑女——他们有时被嘲讽地称为'黑人清教徒'或'艾弗瑞-撒克逊人'（Afro-Saxons）"。[2]年轻的杜波依斯震惊于学生们对着装的重视，并迅速意识到着装可以反映社会阶层。菲斯克大学的课程体系确保学生掌握文学、宗教、哲学、数学和科学的基础知识，杜波依斯对此非常适应。青年男女通过这些课程获得"心灵的装备"，变得善于思考，能够应对各种挑战。学生的校园生活是课堂的延伸。无论是为校报撰稿还是参与学校合唱团，社交活动都被认为应具有广泛的教育意义。不过，种族隔离还是学校里黑人学生生活的基本框架。在大巴灵顿，年轻的杜波依斯从白人教师和同学身上学习，并通过适应由他们控制的环境而进步。在菲斯克内部，环境是黑人的，但校园文化只有在隔绝于周围的白人世界的前提下才得以蓬勃发展。[3]在这点上，菲斯克大学与历史上其他黑人大学一样，都为学生提供了在大学外的社会无法获得的成长机会。菲斯克成立于内战结束后不久，而其他许多为非裔美国人设立的学校则始于1890年的《莫里尔法案》（Morrill Act），该法案专门为黑人学校划拨了土地。

在菲斯克大学，杜波依斯领悟了权力和领导力的重要性，尤其是在分裂严重的环境中。他在毕业典礼上的演讲高度赞扬了铁血宰相奥托·冯·俾斯麦，因为他领导一个四分五裂的民族建成了统一的现代国家。杜波依斯宣称，正如俾斯麦建立德意志帝国"提升"了德意志民族一样，黑人领袖也将通过教育和创造力改变黑人种族的命运，即便不能实现政治联合，也至少能实现文化联合。毕业典礼的另一位演讲人勉励杜波依斯所属的1888届学生："做好眼前事，但保持对世界的关注，在时机成熟时，上帝会把最适合你的工作交到你手中。"从传教的起源到毕业典礼上的牧师演讲，宗教在菲斯克无处不在，它赋予学生一种责任感，和一种觉得要为那些刚从奴隶制中解放不到一代人时间的人们做正确的事的使命感。同样在那场毕业典礼上，牧师C. S. 史密斯（C. S. Smith）提醒学生们（和未来许多演讲者一样），他们的教育不仅应服务于个人成功，更应为周围的人做出贡献。《菲斯克先驱报》(*Fisk Herald*)总结道："在回顾了黑人政治史后，史密斯建议年轻人寻找自己的位置并努力填充它。我们的年轻人不仅要模仿，还要创新。"这种对创新的鼓励，与康德呼吁摆脱自我强加的不成熟、爱默生强调通过对经验开放创造灵感的观点相去不远。杜波依斯当时是《菲斯克先驱报》的主编，与许多学生记者一样，他关注的不只是崇高的理想和抱负。在他为报纸写的最后一篇社论中，这位年轻人依依不舍地与菲斯克大学的时光告别。他写道，在那些心爱的学生毕业时，就连朱比利（Jubilee）大厅的老鼠都流下了泪水。杜波依斯说，他本想"多写一些、多表达一些，但泪水让他哽咽。再见了亲爱的爱抱怨者，愿你的太阳永不落下"，并以一句玩笑作结："愿你永远快乐，再也不用编辑《先驱报》了。"[4]

在从菲斯克大学毕业之后、前往德国之前，杜波依斯进入了他"最年轻、最狂野的梦想"中的学校——美国顶尖学府哈佛大学。这位菲斯克的毕业生发现，虽然哈佛教授的名气比菲斯克的教授大，但在做老师这件事上并不一定比后者好。幸运的是，杜波依斯得以师从一位哲学泰斗。哈佛当时已推行选课制，给学生选择学习内容的自由。杜波依斯选了实用主义哲学家威廉·詹姆斯的讲授课。詹姆斯后来成为他的"朋友和引导他走向清晰思考的导师"。尽管由于种族原因杜波依斯被排除在大部分校园社交活动外，但他却以高度的自律专注于学业，表现优异。通过詹姆斯的引荐，他得以参加哲学俱乐部，聆听最高水平的讨论，也在导师乔治·桑塔亚纳（George Santayana）的指导下研读康德。正如其传记的作者刘易斯所言："杜波依斯之所以受到重视……是因为他对智识生活的态度极其严肃。"后来杜波依斯回忆说，他沉醉于"美丽而贫瘠的哲学思辨之地"。这位雄心勃勃的年轻人在哈佛以作家和演讲家的身份取得了真正的成功，但也在与白人学生的互动中感受到种族歧视，因此一直远离他们的社交圈。他写道："我对哈佛别无所求，只希望得到老师的指导和使用实验室与图书馆的自由。我非常自觉且乐意地置身于其社交生活之外。"[5]

即便遭遇合唱团的拒绝和波士顿精英的冷落，他也没有因此放慢脚步。他曾自述"身在哈佛却从不属于哈佛"。尽管如此，他仍然被选为毕业典礼上的五位演讲者之一。他在典礼上关于"什么样的文明能够产生杰斐逊·戴维斯"的演讲广受赞誉。[6]他在哈佛完成了两年的额外本科课程并取得了硕士学位（未来他还将回到哈佛攻读博士学位），继续前往德国深造，对他来说则是又一个梦想的实现。

在哈佛取得学术成功后，杜波依斯将目光投向柏林大学，决心拿到一个能让他去那里继续学业的奖学金。他确信若仅论智识成就，自己可以获得资助，但遗憾的是还有肤色的绊脚石。后来他了解到斯莱特基金（Slater Fund），该基金成立于1882年，专门资助黑人学生学习"产业教育"，比如木匠、农民和铁匠这样的男性化职业。基金的大部分流向了布克·T.华盛顿（Booker T. Washington）和塔斯基吉学院（Tuskegee Institute）提倡的职业培训，而非菲斯克和哈佛等学府的文科教育。不过，该基金组织的部分成员对为那些渴望为社区贡献力量的黑人男性提供更全面的教育持开放态度。基金会负责人、美国前总统拉瑟福德·B. 海斯（Rutherford B. Hayes）曾表示："如果我们在南方发现有黑人青年在艺术和文学方面有天赋，或者对任何其他方面的学习有特殊才智，我们愿意从教育基金中拨款，资助他去欧洲深造或接受高等教育。但迄今为止，他们主要甚至几乎唯一的才能就是演讲。"这令杜波依斯感到被冒犯，因为这位前总统曾大力推动结束"重建运动"（Reconstruction），为种族平等之路消除阻碍，现在却声称找不到够资格去高等大学学习的黑人，而只找得到会演讲的。于是这位哈佛毕业的年轻学者自荐："我郑重请求您派遣本人到欧洲，在欧陆的大学里继续我的研究，具体的工作内容，将根据哈佛大学相关教授的建议来决定。"[7]

海斯回应说自己被误解了，斯莱特基金其实并不资助黑人文科生。杜波依斯愤怒地回应，谴责海斯暗示黑人只配接受耕作和布道的教育，这是对整个种族的侮辱。"有人愿意资助我上便宜的神学院，有人愿意在我大脑还不能胜任工作的时候教我怎么用手干活。我收到了无数这样的好意，但从来找不到一个愿意资助我获得哈佛博士学位的人。"[8]后来杜波依斯回忆说，海斯让他重新申请。最终得知自己获得奖学金的时候，他欣喜若狂，几乎是冲到了纽约。他还特意买了件三美元的衬衫（"是我之前买过最贵的衬衫价格的四倍"）来纪念这一时刻。事实证明，杜波依斯也和他的许多同学一样，通过穿着高档服装来彰显自己是一个有追求、未来可期的人。[9]

1892年夏天，杜波依斯动身前往德国。作为一名黑人学生，他预料到自己会被与白人同学区别对待，但他对此已习以为常。留学生正逐渐成为美国文学中一种经典形象，许多有条件的年轻人通过离开美国，摆脱家乡的陈规陋习。杜波依斯亦是如此。他已两度离家求学，在学业之外，他对美国种族主义的种种表现形式比其他人有更深刻的体会。虽然已经成就斐然，但这些经历不断提醒他认清自己在世界中的位置。德国将给他带来非常不同的经历。旧大陆当然也有根深蒂固的偏见，但这些偏见并不主要沿着黑白分界线展开。对杜波依斯来说，这次旅途让他感觉从自己国家里白人至上主义的重压中逐渐解脱出来。当船抵达塞尔多夫时，他与一家人一道游览，很快发现新朋友几乎完全不在意他的肤色。这给他留下了深刻印象。他非常喜欢埃森纳赫（Eisenach）这座中世纪小镇，正如刘易斯所说："远离了美国的心魔，他似乎每周都比上一周更轻松、更亲切，甚至更顽皮。"[10]多拉（Dora），他寄宿家庭的一个女儿，甚至大胆地向他求婚，令他震惊不已。

　　海外学习经历不仅在教育上，也在社会层面给杜波依斯解放感。基于在哈佛的经验，他寻求向各领域前沿教授学习的机会。值得一提的是，他深入钻研了正在柏林大学兴起的社会科学方法，这些方法很快将成为美国社会学的核心。遗憾的是，他的德语博士论文没能为他赢得学位，因为他没有满足注册学期数的要求。斯莱特基金的成员们可能并不满意他为自己的研究项目而学习的广泛的文科课程，因为这些课程不够实用。不管怎样，基金最终没有继续资助他，因此杜波依斯回到美国，向哈佛提交了他的论文以获得博士学位。在返程的船上，他在笔记本中写道："在德国留学期间，我曾有过许多不切实际的幻想。我梦想、我恋爱、我闲逛、我歌唱，直到两年后，我突然又回到了那个憎恨黑人的美国。"[11]

19世纪末，美国学生的自由生活确实包括了梦想、恋爱、闲逛和歌唱，但这仅属于白人。杜波依斯作为一个黑人，既是异类，也是模范。美国普遍存在的种族主义总是束缚着他的学习和自由，但他仍然做出了最顶尖层次的工作，克服重重障碍，抓住了每一个出现的机遇。留学德国使杜波依斯从种族主义的压迫中得到了些许喘息，使他体会到作为一名学生的尊严，拥有挖掘自己潜力的自由，并与其他同样在探索自我和世界的人们为伴。回到美国的经历当然也是他教育过程的一部分，尽管这颇为艰辛。在这个国家，他的学生生活必须始终融入他作为黑人的生活之中。在一个坚持维护白人至上主义的国家，黑人男女为了争取到学生的地位，不得不付出巨大的努力，因为学生地位隐含着认可一个人拥有无上限的人类潜能。

●

诚然，杜波依斯并非典型学生，但他在高级研究中运用的深厚研究技能，是建立在他作为本科生接受的传统博雅教育基础上的。20世纪初的黑人工业学校则提供了一种完全不同的学生生活模式。这些学校放弃了博雅教育，专注于提供年轻人能够立即应用的职业技能训练。成立于1881年的阿拉巴马州塔斯基吉学院是这一教育模式的典范，其领导者布克·T. 华盛顿在杜波依斯还是菲斯克大学本科生时就已享有盛誉。华盛顿倡导职业教育，因为这是通向经济独立的途径。学生在塔斯基吉这样的学校的生活并非以学术性工作为主导。学生们可能一周只上两三天课，其余时间则用于学习各种手艺，比如种地、制造橱柜和盖房子。实际上，许多工业学校的图书馆就是学生亲手一砖一瓦建起来的。在为黑人学校筹款时，华盛顿强调自己不是在扰乱种族关系的现状、不是以牺牲白人为代价追求黑人地位的提升，而是在为黑人青年提供成为经济独立的人的机会。他的学校致力于在不扰乱白人社会既有秩序的情况下，让黑人学生实现经济独立。

在塔斯基吉这样的学校中，女学生与男学生有不同的劳动领域。玛格丽特·穆雷·华盛顿（Margaret Murray Washington）是塔斯基吉的校长。她毕业于菲斯克大学，在校期间担任过校报编辑和文学社团的负责人，与杜波依斯是好友。正是在菲斯克，她遇到了未来的丈夫布克·T. 华盛顿，当时他受邀来校在毕业典礼上演讲。他聘请她加入塔斯基吉，负责女性职业教育，重点是家务劳动。后来玛格丽特成为推动把黑人女性教育与"实用技艺"结合起来的全国性领袖。这一理念并非单纯为了培训女性从事家政服务，更在于在吉姆·克劳时代的局限条件下，赋予女性赚钱和教别人技能的能力。

塔斯基吉的女学生面临着额外的压力，需要证明自己没有因为接受教育变得"受教育过度"。出于多种原因，男人们害怕受过教育的女人。有些人担心那些学业出众的女孩变得无法满足于家庭生活的现实，但塔斯基吉的校长持不同观点："我们坚信，这些来自种植园的黑人女性非但不会成为种族的威胁，反而将成为救赎者，因为她们会用热诚认真的服务，使家庭和家人都得到最好的发展，而这最终将解决所谓的种族问题。"[12]在她看来，家庭和教育并不冲突。相反，教育会通过赋予女性创造中产阶级家庭环境所需的品德和技能，提升她们在家庭中的地位。然而，大多数贫困黑人白天需要工作，无法在传统的上学时间去学校。于是玛格丽特·穆雷·华盛顿创办了一系列妇女协会，旨在为劳动者——无论男女——在常规就学时间之外提供教育机会。塔斯基吉的高年级学生和校友一起在周边社区的夜校当老师。校长写道："烹饪、缝纫、砌砖、油漆和木工等一直是教学的重点。无论男女老少，许多人之所以如今能在这个镇或那个县过上体面舒适的生活，正是因为他们曾在夜校学习过。"虽然教学核心在于助人谋生，但黑人历史等课程还是被纳入了教学体系。"我们认为，任何不能引导孩子认识并崇敬本民族杰出人物的学校都是失职的，而塔斯基吉妇女协会当然无愧于此。"塔斯基吉的学生既学习如何过上好日子，也学习如何过上对的生活。毕业后，他们被寄望于作为校友和俱乐部成员继续践行"我们在攀登中提升"（Lifting as We Climb）的座右铭。[13]在这一背景下，做学生不仅意味着学习如何实现经济独立、实现个人潜能，还意味着学习如何对自己的社区尽责。这是一种志在终生的教育。

◉

在哈佛和菲斯克等学校，塑造品格和通过恰当的社会交往提升美德是学生生活的核心。在19世纪末到20世纪中叶，女性接受高中以上正规教育的情况仍属少见，即便有也常带着宗教色彩。简·亚当斯（Jane Addams）在伊利诺伊州一个小镇长大，她憧憬着能到东北边的高等学校上学，尤其钟情于新成立的女子大学——马萨诸塞州的史密斯学院（Smith College）。虽然并不出于宗教虔诚，但她有强烈的为他人服务的愿望。这所女子精英大学对她来说代表着接受更广泛教育的可能，而这会为将来成为医生铺平道路。她渴望离开中西部，进入那个更与世界接轨的思想世界。简的父亲看到了她的潜力，但也担心她的"脆弱"，最终决定送她去离家更近、学术要求较低的一所学校。19世纪70年代，只有不到0.5%的美国女孩上大学。即便是像亚当斯家这样重视教育的家庭也会有所顾虑。因此，在十六岁那年夏天，简被送到了罗克福德女子神学院（Rockford Seminary for Women）。后来她写道："我父亲关于女儿教育的理念是：学校离家越近越好。"[14]至于旅行，只能留待将来。

罗克福德是一所福音派学校，不过其中一些像简这样的学生却鲜有宗教情怀。相较于史密斯学院，这所学校的入学门槛较低，为具有不同学术基础的学生提供了一个女性主导的学习共同体，旨在促进智识和精神的双重成长。简虽对没能去新英格兰有所遗憾，却仍最大限度利用了罗克福德的资源。正如简的传记作家路易丝·奈特（Louise Knight）所描述的，各种文学社团是"公民意识的训练营"，成为她课堂之外的求知平台。在这些社团中，简的表现非常出色，它们不仅锻炼了她的思维，更激发了她的雄心。她为学校杂志写作，后来成为杂志的编辑。在老师的支持和同学友爱的帮助下，简在她的文章中为女性争取独立思考和行动的权利辩护。奈特认为，她以对文化和社会的参与替代了宗教虔诚。为他人服务，尤其是为弱势群体服务，成为许多认同美国新教"社会福音"思想的人的精神修行。作为学生，简学会了如何用不同的思想思考，如何在前景模糊时自如前行，以及如何辩论。在大四那年，她作为唯一的女选手参加了全州演讲比赛。虽然简最终也没能进入史密斯学院，但在罗克福德学院度过的本科时光为她开启了智力探索和社会服务之路。〔15〕

史密斯学院成立于1871年，由索菲娅·史密斯（Sophia Smith）创办，旨在为女性提供与男性同等的教育方法和设施。校园设计旨在确保年轻女性在学习过程中既能得到充足保护，又能感到如在家般舒适。虽然喜爱读书的简·亚当斯曾梦想进入史密斯学院，但她是否能满足其严格的入学要求仍是个未知数。学生被要求掌握"基础希腊语、代数（包括二次方程）和部分几何学"。相比之下，更多女性就读的神学院和师范学校对预备知识的要求并不那么高，且大多数这类学校侧重于现代语言，而非古希腊语和拉丁语。史密斯学院虽然是首个由女性捐资创办的学校，但其办学模式却效仿了附近的阿默斯特学院（Amherst College）。创始人希望这所新学校能够成为男校之外的有效替代品。当时，这些男校面临推行男女同校的压力，一所实力雄厚的女子学院的出现，在一定程度上缓解了这种压力。此外，史密斯学院还为女性提供了不同于附近阿默斯特学院里的那些享乐主义兄弟会的社交生活。[16]

史密斯学院的选址在诺桑普顿（Northampton），这是为了让学生的生活与一个规模虽小却充满活力的新英格兰小镇的日常生活相融合。学院不应成为与世隔绝的修道院，学生们也不应与现实生活脱节。学生们在学院里住的小屋更像是家庭住宅，而非大型宿舍那种不自然的"温室环境"。[17]学院的目标是让学生觉得像在一个传统家庭里接受现代、专业的教育。学院的规划中并不包括图书馆和教堂，学生们需要到当地的图书馆和教堂里，就像从父母家漫步进城一样。首批十四名学生入学时，她们由一位"女负责人"和一位女教师监管。虽然后来学院规模逐渐扩大，但这一制度依然延续。通过适当的监管和与城镇生活融合，学院几乎不需要制定正式的规章制度。学生们可以参与当地的宗教和社区组织，她们将逐渐成长为"优雅、聪慧的基督教女士"。[18]

在20世纪初的美国，为女性提供高等教育仍颇具争议——即便这是在单一性别的环境中开展，还是有人担心这

第四章　大学里的学生：成长多艰　113

种环境会带来诱惑。比如，优生运动在20世纪初势头正盛，其支持者认为让聪明的女孩成为学生是对自然的违背、对家庭生活的干扰。他们认为这些女孩应该专注于生育！有人批评史密斯这一类学校浪费了"美国最优秀的血统……将其埋没在贫瘠的知识沙漠和瘫痪的文化中"。[19]显然，女子学院的毕业生确实比受教育程度较低的女性结婚晚、生育少。一些女子学院的管理层以在课程中引入更多的"家政科学"内容作为回应，这既是为了使家庭生活对学生更有吸引力，也是为了平息外界的批评。

不过在第一次世界大战之后，提升家庭的吸引力不再是女子学院管理层的首要任务。不只是男女同校的学生们呼吁更多的自由，女子学院的学生也是。史密斯学院和其他许多学校的本科生都希望减少监管，尤其是在与镇上的男性社交或邀请男性进入校园时。许多女子学院都实行十点宵禁原则，要求学生在指定时间熄灯并保持卧姿。在20世纪的第二个十年，女学生们要求减少封闭式管理、减少管制，增加自我管理。就像男性被期待学会自我管理，成为自主个体一样，女性也在校园中为争取更多自由而努力。比如曼荷莲学院（Mount Holyoke）的学生们借用启蒙时代的语言，呼吁"自我约束的纪律"、反对"外部强加的约束"。[20]许多规制的争议点都涉及与男性的社交。20世纪20年代是一个公共生活中的异性恋表达被普遍接受的时期。过去女子学院的校园生活围绕着全部参与者都是女性的戏剧、文学社团、辩论队和体育活动展开，如今学生们有了更多机会邀请男性进校，或前往男性的校园。

随着上一代人的某些担忧逐渐被抛在身后，富裕家庭开始期待孩子们能接受高等教育，其中包括了越来越多的女孩。和其他东北部的精英大学一样，史密斯这样的女子学院的学生多来自名门望族和新兴的职业精英。对于19世纪末的简·亚当斯和其他同龄人而言，大学教育是一个进入更广阔的学习世界和获得全球化视野的难得机遇。到了1900年，女性已经占高等教育学生总数的约35%。曾经，亚当斯这样的年轻女性需要为争取高等教育的机会而斗争。到了20世纪20年代，就像海伦·霍洛维茨（Helen Horowitz）说的那样，"上大学成了常态"，而其中近半数是女性。[21]

当然，这里我们谈论的是特权阶层的女士们，她们中的许多人早就习惯了有人迎合她们的需求。一旦进入女子学院，她们就能在没有父权社会压力的环境中学习，摆脱校园外的社会对女性自由的束缚。她们在智识工作和职业上的成功引起了当时社会的警觉。男性试图把女性教育"女性化"，使其更倾向于培养贤内助而非教授。但与此同时，刚刚获得选举权*的女学生们深知如何突破传统的束缚，她们要求在吸烟、学习和社交方面的自主决定权，包括邀请男性进入校园。学院当局驳回了这些诉求，就像男校的学生们要求更多自由时一样。

---

*　1920年美国宪法第十九修正案正式赋予全国范围内的女性选举权。

●

高等教育的管理者们擅长的正是驳回。大学当局与本科生之间向来有对抗关系。如果我们回顾美国殖民时期的状况就会发现，人数在当时的大学里还很少的学生们就已觉得教职工设立的种种规定过于严苛。刚成年的他们不喜欢被当成孩子对待。美国独立战争后，学生们抱怨教职工和校长有独裁倾向，把他们与刚被推翻的英国统治者相提并论。[22]如前章所述，杰斐逊试图为弗吉尼亚大学的学生们提供更多学术自主权，但那里的学生们还是为争取个人自由而暴动。他们来自有权有势的家庭，对校园生活的规则不以为意。他们习惯于看到自己的家庭制定规则，或者在任何时候得到他们想要的任何东西。这种情况在19世纪许多大学中都很常见。学生们向学校施压，要求学校满足他们的"需求"，以满足他们对大学生活的期待。就像教育史专家弗雷德里克·鲁道夫（Frederick Rudolph）所指出的："毫无疑问，塑造美国学院和大学的最具创意和想象力的力量是学生。"[23]这种塑造通常与课程内容和课程体系无关。19世纪初，弗吉尼亚大学的学生们想要没有太多规则约束地社交和持枪，普林斯顿的学生则为了保护那些因违反规定受到严厉处罚的同学而骚乱。这些学生并不是在大声疾呼康德的"敢于求知！"，他们只想在深夜的校园里骑马、打架、纵情狂欢。他们通过无礼的行为来彰显自己的独立。对教师的恶作剧包括将其锁在房间里、用水泼他们，以及设法让他们在学校里走路时摔倒。[24]这些恶作剧的始作俑者是一个新兴群体——他们不再是孩童,但也没完全成年,他们是"男大学生",他们捍卫的是一种由自己定义的生活方式。美国人原本希望通过高等教育来培养学生的道德和品格,但结果似乎适得其反:年轻人们决定创造一种由自己的热情定义的生活。

在整个19世纪和20世纪上半叶,这种生活方式仅限于极少数男性和寥寥无几的女性。但到了20世纪初,接受高等教育的年轻人比例逐渐上升,到20世纪70年代已接近总人口的一半。如今,这一比例更高,而且获得学位的女性人数已超过男性。最初,大学生活是完全男性化的,学生们热衷于展现男性间的团结、暴力和肉体。但随着大型公立大学在19世纪末逐渐实行男女同校,这些男性化的传统仪式受到了挑战。正如教育史学者迈克尔·赫维尔(Michael Hevel)所言:"男女同校之所以持续引发争议,很大程度上是因为女性在大学中的成功。1899年密歇根大学53%的文学学士学位授予了女性。"[25]我们可以合理推测,男性大学生仪式后来之所以更有反智甚至反教育倾向,部分原因正是校园里的女性在学术上取得的成功。毕竟,何必去参与一场你不太可能获胜的比赛呢?

在我们深入讨论那些表达了自主和不受约束的愿望的仪式之前,不妨重新思考为什么教育者会认为学生的学习和共同生活是一种极具效力的组合。卢梭曾提出,他人的存在对学习有负面影响,因为这会激发虚荣心和模仿欲。寄宿制学院虽起源于英国,但却是典型的美国创造。文学史家安德鲁·德尔班科（Andrew Delbanco）指出，校园这一概念与新英格兰殖民地的活力教会（living Church）理念密切相关。在教堂会众中，统一是由多元声音的汇聚而产生的。正是教会成员带来的"各种不同天赋"使教会保持活力，成为"万国之光"。同样地，他写到，大学一直强调多元性在教育中的作用："大学关乎来自五湖四海的年轻人汇聚一堂，共同生活——一起吃饭、一起听讲座和布道、一起经历每天的学习和社交。这种'学院式'教育的核心是横向学习的理念，即学生们可以从彼此身上学到一些特别重要的东西。"[26] 这一理念在过去两百多年间表现为多种形式，但始终围绕着学生能够为学习共同体做出某种贡献而展开。学生们不仅仅是来接受教育的，他们还要参与并贡献于教育这样一个集体旅程。

我们可以看到，学习共同体的精神理想和师生间频繁爆发冲突之间存在的矛盾。本科生们竭力保护大学生活不受课程学业负担的压迫，但公开的冲突往往对年轻人不利。校长和教授们有权开除个别学生，甚至有在局面失控时暂停授课的权力。所以，学生文化中反抗的那一面往往转入地下。学生们在课外过着自己想要的生活，同时在学业空间内表现出足够的顺从以保持学籍。这就是"男大学生"的文化，他们认为自己与学院当局，以及任何与之合作的学生都"处于战争状态"："19世纪的大学教授对何为好学生有着明确的定义。他们试图通过奖励和惩罚来形塑学生，以高分、荣誉社团成员资格和各种奖项作为激励。那些自称'男大学生'的人则创造了一套另类评价体系，依据自己的而非教授的标准来评判地位，并贬低传统意义上的好学生。"[27]一个真正的男大学生并不追求教授的认可，而是在喝酒、打牌以及体育运动中和其他年轻人一较高下。一份19世纪的美国大学生活回忆录强调，学生们普遍"支持所有可以绕过权威的手段——只要这些手段是为了那些不自诩为学者的人服务"。[28]在20世纪初，男大学生们评价成功的标准与在一个日益商业化的美国取得成就有关，这正是教授们似乎知之甚少的领域。男大学生被描述为"一个粗心大意的男孩"，一个"逃避学业并以各种方式欺骗老师"的人。[29]这种学生形象与我们之前所见的大相径庭。其目标不再是追求独立和成熟，而是尽可能延迟这一过程，满心想着展现出能成为"男子汉们"团队一员的能力。[30]

兄弟会成了保护这种对抗性学生文化的首选载体。它们创造了自己的亚文化和等级制度，并通过欺凌以及各种身体和社交惩罚来贯彻自己的规则。许多学校曾试图禁止秘密社团，但最终大多数学校选择了与这些社团共存。由于无法在兄弟会会社内部强制执行学校规定，校方的基本策略就是劝导这些兄弟会自行调整"规则"，少一些歧视、暴力和危险。然而，鉴于兄弟会诞生于对学校权威的反叛，这一策略从来收效甚微。

尤其是在兄弟会早期，其沿袭了美国社会中普遍存在的精英主义和歧视。大多数兄弟会拒绝接纳犹太人和黑人，天主教徒同样难以加入。[31]经济条件一般的人进入兄弟会的机会也很少。那些把大学视作上升的社会通道的人被大多数兄弟会拒绝，因为这种显露在外的野心在他们眼中是不体面的。渴望更佳前景的学生，往往会努力在大学的官方学业领域取得成就。但兄弟会及与其关联的运动队同样承诺着大学毕业后的成功。体育运动被证实是一种既能让学生在课堂之外展开竞争，又能增强其对学校的忠诚度的有效手段。那些在兄弟会中成功担任领导角色，或者在体育方面获得成功的学生会被告知，这些经历才是预示未来社会和经济成功的真正因素，而不是那些人为的学术世界。那些地位显赫的校友常提及"足球学校"，他们推崇适者生存的理念，以此来合理化大学生间的竞争与冲突。他们所说的"生存"通常指的是在商业领域成功。认为所谓的"软技能"，或者今天所说的"影响力技能"（power skills），包括合作能力、领导力和韧性，才是一个男大学生真正需要学习的东西，而且往往是在课堂外，甚至是在不顾课堂的情况下学到的。正如迈克尔·赫维尔所指出的："支配性男性气质的构成要素随时代而变化，在内战前是辩论能力，在20世纪则是喝酒能力。"[32]不难看出，兄弟会亚文化中的暴力元素与确保自身男子气概永远不被质疑之间存在联系。[33]

在20世纪早期，大多数女大学生在男女同校的学府就读。随着兄弟会势力的增强，她们也开始寻找把社交生活组织起来的方式。姐妹会应运而生，尽管最初这些女性组织更多是出于自卫而非反叛，但其宗旨在于建立与兄弟会为男性设定的社会等级相平行的结构。姐妹会之间也有地位高低之别，这为女生们提供了关于社交地位的参考——即便是那些处于社交等级底层的人，也知道哪些姐妹会位于上层。到了20世纪中叶，随着性观念的变迁，姐妹会增加了监督恋爱关系的职能。一旦兄弟会的男性气质标准改变，使女大学生成为他们关注的对象，姐妹会便有了一种新的声望来源——激发并掌控性欲。〔34〕女学生通常比她们的男同学在社交态度上更保守，姐妹会成员尤其如此。

在20世纪30—40年代，大学发生了显著的人口结构变迁。移民的大量涌入对传统校园文化构成了挑战。这些新成员不仅乐于参与竞争，而且随着大型企业和专业领域的扩张，仅靠成为一个好运动员或加入对的兄弟会、姐妹会已经不能保证毕业后的经济成功。雇主越来越看重具体技能和"聪明"，在招聘过程中更倾向于考察学业成绩。对于那些渴望向上流动而非仅仅维持家庭过往地位的人来说，学业成功变得至关重要。随着专业阶层的扩大，以及二战后培养这些人的大学的选拔性增强，成绩对大学毕业后的成功愈发重要。你可能向往某种大学生活，但如果你打算毕业后上法学院，那你最好有个不错的成绩。

许多希望向上流动的人视大学教育为通向更高经济地位的道路。第一次世界大战后，美国为退伍军人和阵亡士兵的家属提供了一些经济援助。二战后，美国通过联邦立法大幅增加了此类援助，为退役士兵提供教育福利。虽然关于这项立法在多大程度上对本来没法上大学的群体产生了影响存在争议，但退伍军人进入校园无疑深刻影响了大学的形象和文化。即便是精英院校，也因为退伍军人的加入而显得更为民主。这些退伍军人并不觉得有必要通过兄弟会仪式证明自己的男子气概。与那些渴望成为"校园大哥"的年轻人不同，他们忙于利用大学教育开启战后的新生活。[35]

在东北部的许多大学校园中，退伍军人向兄弟会施压，要求其停止歧视性做法。这些学生比传统本科生年龄更大、与家庭社交圈以外的人接触更多。有些学生表达了他们的愤慨——他们曾在战争中与偏见斗争，却发现这种偏见在他们的大学校园中根深蒂固。比如，战争结束仅一年后，卫斯理大学的退伍军人就敦促学校领导层废除那些长期被默认的歧视性做法。许多小型学院确实采纳了这一建议，但在某些情况下，这也意味着那里的希腊社团*不得不与全国性的兄弟会断绝联系。[36]

●

那么，那些并不通过希腊社团追求向上流动，也不想在大学同学里出名的人呢？当然有很多学生并不热衷于运营社交俱乐部，也不认为与教职工的对抗是大学生活的核心。虽然精英兄弟会的成员可能会瞧不起他们，但那些专注于学业的学生又是如何看待自己的呢？在19世纪，许多此类学生似乎注定成为牧师，毕竟对那些书生气十足、经济拮据的年轻

---

* 因为兄弟会和姐妹会通常用希腊字母命名，所以也被称为希腊社团（Greek organization）。

人来说，这还算一条不错的出路。到了20世纪，经济条件较差的学生则将学业视作通向专业领域的阶梯。不管是因为社会排斥、经济困境，还是出于纯粹的求知欲，这些学生在大学里发现了一个属于思想的世界。有些人以学术奖项和荣誉为目标，不仅满足了老师的期望，还获得了通向研究生或职业学院的推荐。另一些人则通过给校报写稿这样的课外活动，获得了更宝贵的学习经历。兄弟会文化及其背后的问题，以及大学管理层挥霍公款奢侈浪费，都可能成为调查报道的焦点。这些大学生记者不仅在磨炼自己的写作技巧，也在丰富他们的政治见解。校园内的某些思想甚至可能会引发激烈的辩论，而这些辩论与外界的讨论形成了呼应。比如，在纽约市立大学，激进分子之间的意识形态争论常常发生在食堂，而非政治哲学课堂上。欧文·豪（Irving Howe）曾回忆说，他对教授们的学术争论毫无兴趣。"我回去上课，但坐上几分钟就感觉不耐烦，等点名结束后我就溜出去，跑到食堂，等着参与那里的政治辩论。一小时之后，我再跑回教室取我忘在那里的书。"[37] 豪认为，他正是在食堂里通过倾听和辩论学会了独立思考，逐渐摆脱了"自我强加的不成熟"状态。

到了20世纪50年代，校园里的一些人开始讨论如何有效遏制企业化的趋势，而另一部分人则尽其所能地构建人脉，意图跻身专业精英行列，在豪华郊区安家立业。兄弟会和姐妹会依旧势力稳固。大学管理层在战后学会了如何把这些组织的反叛精神转化为对学校的忠诚。校友们对那些允许希腊社团存在的学府怀有深厚感情，许多学校的校园精神与体育活动紧密相关。与此同时，大学生们也在探索与家庭不一样的文化、思想和情感纽带。比如在50年代的卫斯理大学，先锋音乐和艺术在师生间广泛流行。这所位于康涅狄格州中部、拥有卫理公会背景的小型文理学院，成了激进思想家的交流中心，其中包括发明家巴克敏斯特·富勒（Buckminster Fuller）、作曲家约翰·凯奇（John Cage）、知识史学者卡尔·休斯克（Carl Schorske）、神秘古典学者诺曼·O. 布朗（Norman O. Brown）和马克思主义哲学家赫伯特·马尔库塞。也正是在50年代，创新性的跨学科课程思想开始萌芽，艺术领域也逐渐摆脱了对西方经典的狭隘关注。人类学家大卫·P. 麦卡莱斯特（David P. McAllester）和音乐学家理查德·温斯洛（Richard Winslow）共同致力于探索一种不依赖传统西方个人主义和私有财产观念的创造力和文化。到60年代，他们的这些探索不仅深刻改变了大学生活，还影响了更广泛的社会文化领域。

虽然从大萧条到战后初期，女大学生的比例有所下降，但其绝对人数始终在增长。然而，女性毕业生的就业机会并未同步增加，因此不难理解，许多女性在获得学位前就辍学了。虽然女性在学习上表现优异，但在职业发展方面，她们从学校得到的帮助远远不及男性。在《女性的奥秘》（*The Feminine Mystique*，1963）一书中，贝蒂·弗里丹（Betty Friedan）强烈批评了那个让她的史密斯学院校友们因毕业后只能做家庭主妇而失望的社会，也有力质疑了美国为何未能为其才华横溢的女性公民提供机会。二战后，即便是从史密斯学院这样的学校毕业的富裕白人女性，职业生涯也常常由于男性偏见受阻，学术机会因由老男孩构成的社会网络而受限，职业晋升也往往被男性高管拒绝，他们认为女性的位置应该在家中。因此许多女性在大学毕业后，把结婚视作一种比求职或申请研究生更稳妥的战略选择。[38]

黑人女性面临的职业障碍最为严重。许多大学的黑人女性毕业率都比较低，但作为一个群体，她们把教育经历转化为了担任教堂、俱乐部和其他民间组织领导职位的路径。她们的学生生涯与其说是追求启蒙理念中的成熟，不如说是通过发展技能和树立自信，力求在高度种族隔离的公共领域中发挥作用。不过从另一个角度看，黑人女性同样是在运用多种策略，摆脱被迫的依赖状态。黑人的希腊社团在此方面发挥了重要作用。和白人兄弟会、姐妹会一样，黑人姐妹会和兄弟会在校园中标志着社会地位，不过它们还形成了一种与种族隔离相对抗的才能发展和社区服务文化。在霍华德（Howard）大学，阿尔法·卡帕·阿尔法（Alpha Kappa Alpha，AKA）姐妹会"规训"学生塑造体面形象，对发型、着装、行为举止（从饮食到约会对象）都有要求，并用包含欺凌和社交排斥的姐妹会文化确保其严格执行。不过，这个姐妹会也会引导其成员认识到，投身大学之外广大黑人社区的服务事业，会为自己带来深厚的"文化、自豪感和行动主义"。[39]自1908年创立至今，AKA始终致力于培养服务精神和公民参与，从19世纪初的反私刑抗议和扫盲运动，到支持更广泛的医保覆盖。她们甚至在20世纪60年代大规模社会运动兴起之前，就已投身于种族融合的斗争。如今，该组织已经有超过一千个分会和三十万名成员。

●

除了像AKA这样的少数例外，20世纪早期到中期的寄宿制大学里的学生主要关注的是校园内部事务。他们可能希望在求学期间享有更多自由，但对国家或国际问题却鲜有关心。随着越来越多来自社会各阶层的人进入大型公立大学和小型文理学院，这种局面的改变似乎是必然的。当大学的人口结构逐渐与国家整体人口相匹配时，国家层面的议题开始渗透到高等教育中。进入20世纪60年代，民权运动等全国性运动吸引了成千上万学生的关注。许多人前往南方参加选民登记，或者参与抵制那些拒绝实行种族融合的商店。当这些年轻人重返校园时，他们已经获得了另一种形式的教育。他们在政治上觉醒了，立志成为公共领域的积极参与者，而不仅仅是被教育的对象和合唱团的一员。

国家正在变革，但60年代刚进大学的年轻人希望变得更快一点。在激烈的民权斗争和越南战争升级的背景下，越来越多的学生觉得校园社交生活的趣味微不足道，而"好学生行为"的奖赏也显得空洞无力。当加利福尼亚大学伯克利分校试图收紧对校园政治活动的限制时，学生们发起了自由言论运动（Free Speech Movement），目的不仅是捍卫自由表达的权利，更是挑战一种社会框架，反对那个——用其最著名的领导人马里奥·萨维奥（Mario Savio）的话说——病态的"无菌且自动化地满足的乌托邦"。他进一步强调："今天走到台前的少数重要男女，宁愿死，也不愿变得标准化、可替代和无关紧要。"这是在60年代初期，萨维奥鼓舞人心的言辞不仅仅是为了改变校园，他瞄准的是整个社会，一个把学生当作"原料"推向经济机器，任其被塑造成高效率单元的社会。他说，我们不仅是教育机构的原料："我们是人！"萨维奥不仅在主张说这些话的权利，他还呼吁同学们通过公民不服从来阻止体制产生恶果。他的话激励了全球的年轻人："有时候，机器的运作变得如此令人作呕，让你心情沉重到无法继续参与！你甚至无法消极地参与！你就必须把身体放在齿轮上、放在轮子上、放在杠杆上，放在所有设备上——你必须让它停下来！你必须告诉那些操控它、拥有它的人：除非你自由，否则别想让这台机器运转起来！"[40]

萨维奥所展示的学生形象，不仅是一个自主的个体，更是社区中自由成员的代表。他和同伴们察觉到大学管理者强加给学生的"不成熟"，强调全国范围内的学生都渴望真正的学习，而不是仅仅被塑造成工业体系中的工具。他们占领行政大楼，并非只是为了阻碍大学常规运作，而是意图在那里开设自己的独特课程，构想一种更人性化的教育。"我们要做一些这所大学很久都没做的事！我们要在那儿开设真正的课堂！那里将成为自由的学堂！我们要上关于第一和第十四修正案的课！我们要学这所大学害怕我们知道的东西！我们将在那里学习自由，而且是通过实践来学习！"在1964年的伯克利，

第四章 大学里的学生：成长多艰 127

学生们要求一种更真实的学习，一种关于自由的教育。[41]

从东海岸到西海岸，学生们都在回应《休伦港宣言》（Port Huron Statement）中强调的许多价值观。该宣言由密歇根州的"学生争取民主社会组织"（Students for a Democratic Society, SDS）发布。SDS提出了广泛的社会和经济变革目标，他们的宣言将学生描绘为变革的推动者。宣言指出，我们中的许多人"起初很自满"，但世界局势和年轻人日益觉醒的政治良知正在呼唤激烈的变革。"我们自身充满紧迫感，但社会却告诉我们，没有比当下更好的替代方案。"大学本应赋予学生独立思考和想象现状的替代方案的能力，而不是助长这种自满情绪。"遗憾的是，大学本应是社会批评的重要源泉，本应是新思想的启蒙者、新态度的塑造者。但实际上，大学教育的知识，其效果几乎与任何其他传播渠道无异——比如电视机，只是传递当天的陈词滥调。"SDS的宣言呼吁把大学从现有的社会阶层再生产机制，转变为推动批评、开辟真正变革的新道路的催化剂。作为"唯一一个几乎持任何观点的个人都能加入的主流机构"，大学尤其有条件创造一个"容纳争议的社区"。这些社区将能够唤醒不同的社会群体，使他们意识到周围的不公正和激进变革的可能性。学生有潜力成为新历史时刻的先锋，也有潜力与其他渴望创造一个不同世界的社会群体结成联盟。[42]

20世纪60年代的学生活动家已经和康德那种通过渐进的启蒙过程缓慢追求成熟的温和修辞相去甚远，也远离了那种有意识将自己与前一代人联系起来，以期随时间的推移创造和谐的儒家学生，更不用说那种作为门徒追随体现上帝之言的教师的学生。60年代，整个西方世界的学生都把自己视为批判的先锋，人们很容易因此将他们视作苏格拉底传统的继承者，揭露所谓的精英知识其实建立在沙子上。但苏格拉底教导的是一种彻底的带着讽刺的怀疑主义，而不是建立在对如何生活毫无疑虑的确定性基础上的反叛。60年代那些推动变革的激进分子不再沉溺于怀疑主义的塞壬歌声，而是热情拥抱了一种腔调新颖的政治乐章。

在《休伦港宣言》和萨维奥著名演讲之后的几年里，越来越多的学生开始在校内外争取那些他们认为能重塑社会结构的自由。当学生们抗议校园内压迫性等级制度和限制的同时，他们也把目光投向了大学所处社会中的类似问题。他们的诉求有时非常具体，比如改变课业要求。有时则比较宏大，要求在学校管理的关键领域——从人员招聘、晋升，到财务资源分配——拥有实质性发言权。需要注意的是，挑战现状的并不只是那些显而易见的外部团体和激进分子。到了20世纪60年代末，即便是某些兄弟会和姐妹会成员也走上街头参与抗议。民权运动激发了许多人的热情，反对种族隔离的示威活动从南方蔓延到全国各城市和乡镇。越南战争则在更大程度上激起了人们对"体制"的反对。学生身份或许能暂时保护年轻人免于被征召入伍，但为了一个少有人理解或信仰的事业而死的风险是真实存在的。一旦失去学生身份，就有可能被征召入伍并被派往东南亚。大学因此被要求向当局提供因成绩低而可能退学的学生名单。政府的压迫手段并非抽象概念，而是实实在在的。从1967年到1969年，反战学生的比例翻了一番，达到了将近70%。对许多大学里的年轻人来说，越南战争彻底打破了他们对政府权威的盲目顺从。年轻人被派去打一场他们不相信的战争，一场许多人认为彻彻底底邪恶的战争。[43]

与此同时，随着争取投票权和废除种族隔离的斗争在许多校园逐渐演变为黑人权力运动（Black Power movement），非裔美国人活动家们开始在向来由白人主导的校园里推动制度性变革。这些变革可能包括为黑人学生提供特殊住宿安排，在招生中采取更多平权行动，或增加黑人研究课程。在纽约的大学中，这些变化为非裔和波多黎各裔本科生及教职员工创造了更多机会。[44]在旧金山州立大学，学生们建立了我们如今称为"有色人种学生"（students of color）的联盟，并发动罢课，要求改革课程和招生政策。非裔美国人、亚裔美国人、奇卡诺人、*拉丁裔和美洲原住民联合起来，要求平等。对某些人来说，这一行动成了未来激进主义的榜样。

虽然在任何特定学校中，反对现状的学生可能只是少数。但到了20世纪60年代末，美国已有超过三百五十所大学的学生宣布罢课。这场抗议运动是全球范围内拒绝现状运动的一部分。1968年，反对政府和传统政党的街头抗议在柏林、伦敦和巴黎等多个城市爆发。巴黎拉丁区的激进涂鸦上写着："一切权力归于想象！"街头的学生们正在创造一个关于另

---

* Chicanos，指墨西哥裔美国人或美国讲西班牙语的拉丁美洲人后裔。

类生活方式的节日。作为对照，东南亚战争的残酷失败标志着那个曾经承诺向革新和创造开放的社会，变得冷酷和僵化，甚至是有罪。康德希望教育使人在不必打破现有等级制度的条件下逐渐学会独立思考。对呼喊着不同情感模式和全面思想解放的学生来说，这种想法显得过于天真。事实证明，许多学生抗议者对于维持秩序的力量会采取何种强硬手段来镇压他们认为真正威胁到现状的示威活动过于天真了。在世界各地，抗议群体都常遭到执法机构的渗透，学生领袖成为打压对象。1970年，在美国杰克逊州立大学和肯特州立大学发生了无武装的学生示威者被射杀事件。这变成了一个悲惨的提醒：维护秩序的力量同样能"把战争带回家"。〔45〕警察和国民警卫队常常不惜使用暴力来捍卫他们身在其中的等级制度。理查德·尼克松在1972年的决定性连任，清楚表明了学生的世界与普通公民之间的巨大鸿沟。老一辈人难以理解，为什么那么多有幸接受高等教育的年轻人，如今竟然背弃了这个赋予他们如此多机会的文化。年轻一辈则对老一辈人没有响应变革的呼声感到难以置信。

然而，短短几年之后，学生文化似乎发生了与60年代末激进理想主义者的期望完全不同的变化。虽然"抗议学生"曾是年轻人在校园里可以选择的身份之一，但到了70年代中期，这种身份已不再是大多数大学和学院中的学生的主导形象。随着征兵制度和越南战争终结，经济重新成为主导力量，许多学生开始把高等教育视作争取就业机会和向上的社会流动的跳板。

第五章

借他人之智，成己独立之思

20世纪60年代末，公众的注意力主要集中在学生生活和青年文化上。虽然本科生始终只是年轻人中的一小部分，但他们的抗议、性行为和音乐引起了忧心忡忡的评论家、父母和政治家的密切关注。当时的人们忙于参与或抱怨抗议活动、构想或批评新型社区，似乎很少有人关注课程内容。但随着肯特州立大学和密西西比州立大学学生遇害事件的发生，以及越南战争征兵威胁的减弱，校园文化逐渐发生了变化。学生们不再那么热衷于政治、共同目标和改变世界。曾经的反叛抗议者逐渐让位于那些想要获得好成绩和正面推荐信以进入专业院校的功利主义者。到了70年代中期，虽然校园内还能找到激进分子的身影，但人们的关注点已转向图书馆、科学实验室，以及那些能在自己宿舍的私密空间中开展的生活方式探索实验。[1]

虽然老一辈对60年代的学生文化感到失望和困惑，但大学入学人数却在激增。婴儿潮一代希望他们的孩子能接受高等教育，因此那十年间大学吸引了比以往任何时候都多的年轻人。1960年至1975年间，美国大学生人数翻了一倍还多。[2]

这些年轻人也引起了从总统和副总统到地方专栏作家的广泛关注，他们都对这些学生的未来走向表示担忧。大学校园已经变成了一个展示广大社会对政治和社会变革、经济动荡以及传统道德衰落感到的焦虑的窗口。左翼和右翼的批评者们并非在质疑现代启蒙思想中把学习视作克服自我强加的不成熟的理念，而是怀疑新一代学生是否真的走在这条路上。无论是指责学生激进还是从众，冷漠还是只追求分数，几乎所有批评者都哀叹大学生缺乏独立思考的能力。

●

学生应该从何时开始独立思考？这个问题没有明确的答案。学习可以集中在技能训练上，而非自主性的培养（或者这种培养的前奏）。甚至或许可以说，在一个人能够成为摆脱不成熟状态的自由学生之前，必须通过模仿和重复来获得一定的能力。运动员和音乐家对此深有体会，他们投入大量时间进行重复性训练。什么时候他们才算是真正的表演者？如何从训练中成长为能够自主学习的人？如何学会成为一个真正的学习者，而非仅仅是受训者？毕竟，训练不一定导致自主。许多生物可以在不发展自主意识的情况下被塑造。你可以"教"一株藤蔓沿着棚架生长，而树木则可以自行学习适应土壤和大气条件。有时，人们可能认为自己在训练某种东西，但从更广阔的视角看，训练者其实也是另一种模式的一部分。比如，如果有足够的零食，我可以教会我的狗坐下、等待，然后在我叫它时过来。现在，当我们走一段很远的路时，我发现它会落在后面，等着我发出"指令"，以便能过来领取零食。那么这究竟是谁在训练谁呢？我们应该在这种情况下谈论自主性吗？还是说这更像是某种纠缠（entanglement）关系？[3]

宠物和家养动物就像孩子一样，依靠我们满足它们的基本需求。但我们并不期待非人的动物能够有独立性，即便它们确实偶尔能让我们按照它们的意愿行事。而人类学生，无论其年龄大小，随着语言运用能力的提升，他们的独立能力就在增强。善于使用语言意味着能创造性地使用它，为自己发声，而不仅仅是重复别人的话。在这方面，最重要的途径之一是熟练掌握书面语言。当我们学会自主阅读和通过写作表达自己时，我们极大地增加了获取信息和自主判断的机会。但我们应该如何将这种能力传授给孩子们呢？我们应该把他们看作小号的自主思考者，还是更像需要训练的宠物呢？

为了回答这些问题，回顾一下我们的历史进程会很有帮助。在19世纪后半叶，特别是在美国，如何教人们掌握语言技能以获得自主性并非仅仅是理论问题。随着投票权的扩大和正规教育在经济上的重要性日益增加，雇主和官员对提高识字率的兴趣日益增长。随着选民数量的增加和职业需求的复杂化，国家及其经济体亟须更多具备识字能力的人。但如何才能最有效地实现这一目标呢？学习识字应该体现高级学生所珍视的思想自由和创造力，还是应像纪律严明的军队般，通过密集的训练掌握精确动作？在19世纪80年代，人文教育改革家霍瑞斯·曼（Horace Mann）主张，不应该让学生因重复的字母发音练习而感到厌倦。他认为，这种方式使学生屈从于老师，而且无助于激发他们对识字的兴趣。反之，他主张学生应被视作完整的人，能够从组合成完整词语的字母中领悟意义。曼写道，字母不过是"骨架般的幽灵"，他希望学生在学习识字的同时能学会思考，而不仅仅是记忆。[4]到了20世纪初，心理学家G. 斯坦利·霍尔（G. Stanley Hall）和哲学家约翰·杜威等人继承了霍瑞斯·曼的观点，提倡一种"整体词语"（whole word）识字教学法。他们认为这种方法非常适合那些将在民主社会中成长为具有创造力和自主性的公民的学生。这种观点体现了启蒙视角对学生的看法，即学生不应接受狭隘的教育，而是要通过整体性的学习来培养他们的创造力。进步主义教育理念强调个体的全面发展，因此似乎自然而然地认为，应当通过激发学生对完整单词意义的理解来学习识字。

遗憾的是，这种提高识字能力的办法并不如重复练习字母发音（后来被称为语音法）那样有效。自20世纪中叶以来，几十年的研究表明，教孩子们识字的唯一真正有效的办法是培养他们把字母和声音联系起来的能力，然后通过反复练习加深这些联系，即语音法。通过反复练习建立熟练的行为模式，能够强化支持语言的神经网络。语言学习者必须先模仿才能自主，必须先训练才能启蒙。在世界各地，不管学习哪种语言，儿童都必须有这样的神经基础，才能成为熟练的读者。他们必须变得"字母化"，而这需要指导、反馈和练习。

新的计算模型帮我们更好地理解儿童可以通过不停地迭代学习，在某个时刻突然能够识别字形和音素之间的联系。孩子们发音时可能磕磕绊绊，但只要教学是成功的，这些年轻的大脑就在变得更能识别文字符号与声音、声音与意义之间的联系。神经科学家马克·赛登伯格（Mark Seidenberg）告诉我们："人在阅读过程中会在大脑构建起反映这些统计模式的神经网络，并在阅读中不停地优化微调。"儿童不需要死记硬背明确的规则，但他们必须积累"足够的语言和经验数据，这样一旦遇到新词语，就能自行领悟其意义"。[5]

自20世纪20年代所谓进步主义教育取代了语音法以来，围绕是通过训练来培养技能，还是坚持更"整体"地识字的两派之间的争论始终不断。后者被认为更具"道德性"，因为它与学生在识字中练习自主性、理解意义而非仅仅重复声音的形象相一致。像赛登伯格这样的研究者以及美国语言学家约翰·麦克沃特（John McWhorter）等人批评那些强调整体性和意义的教师培训项目，认为这是以牺牲基本的识字能力为代价的。[6]没有这些能力，你就不可能在阅读中体验到自由和自主。如今我们已经非常清楚，语音是帮学生达到自主阅读水平的重要因素，但一些教育项目却固守自主学生的形象，抵制通过反复练习来学习。这种对学生形象的固执实际上妨碍了学习识字，而本来掌握识字技能有助于学生培养更独立地思考和交流的能力。

不过，虽然研究显示语音训练对儿童学习识字起决定性作用，但我们也逐渐认识到，仅仅依赖练习和记忆并不足以达成早期教育的另一个关键目标：掌握基础数学。许多小孩依靠记忆学习基础加法和乘法。如果老师问"6乘以7等于多少"，你回答"37"，老师可能会纠正说："不对，是42。"这是想让学生明白牢记乘法表的重要性，以便下次给出正确答案。但优秀的数学老师不仅会希望学生记忆能力提高，还希望他们的推理能力能够提升。这要求教师成为教育作家伊丽莎白·格林（Elizabeth Green）所说的"读心者"，努力揣摩学生为何会给出这个错误答案。格林指出："知道307减去168等于139是一回事，能理解为什么一个三年级的学生认为261是正确答案是另一回事。"她进一步解释说："数学家只需让自己明白，而数学老师则既需精通数学，又要能洞察三十个不同心灵是怎么理解或误解它的，然后引导每个学生从不理解走向掌握。"[7]一旦洞悉了错误的"逻辑"，教师就能协助学生找到更好的推理路径。这超越了记忆，而是在培养学生未来学习中会用到的推理能力。这正是任何层次教学的关键：让学生在离开课堂后仍能以有效的方式自主思考。这一点远远超出了遵守规则或展现纪律，虽然规则和纪律也是学习过程中重要的一部分。帮学生掌握算术，需要理解他们目前的推理方式。帮学生学会识字，需要让他们练习声音、字母和意义之间的联系。重复练习有助于建立广泛的语言运用所需的基础。无论哪种情况，掌握都意味着能将一个案例中有效的方法应用到其他案例中，并独立完成上述任务。这要求我们化从他人处获得的工具和实践为己用。这是自由思考的基础。

●

在整个20世纪,中学老师们都希望引导学生从通过机械训练培养基础技能,转向通过创造性实践和实验培养独立思考能力。[8]对于一些人来说,这意味着要让学生像孔子的追随者一样,思考如何在社会中和谐地找到自己的位置。而对另一些人来说,这意味着拥有足够的独立思考能力,从而自由选择追随一位真正的领袖。在美国各地,人们都希望教育能与基督教携手并进——教育能进一步激发耶稣信徒追求品格塑造和行善。同时也有许多秉承苏格拉底传统的教师,认为独立思考意味着对现有知识的怀疑。对这些教师来说,进步的基础在于认识到我们的现有观念可以被更可靠的概念及价值观取代。当学生高中毕业时,他们应当有能力认清自己如何融入社会、可以追随何人,以及社会中哪些传统需要被批判。这些关键能力将使毕业生成为更好的公民。

20世纪60年代的大学生以对传统智慧和公认观念的怀疑著称,但到了70年代,许多教授却发现他们的本科生令人失望地不成熟,缺乏独立思考的能力。这些学生只想知道如何复述正确答案、拿到好成绩,并沿着已被踏平的道路前进。正如历史学家海伦·霍洛维茨所言:"到了1976年,学生们认为获得'职业培训和技能'以及掌握'特定领域的详尽知识'比学会与人相处和制定人生目标更重要,而这些曾是1969年的他们最看重的。"[9]70年代中期是经济前景黯淡的时期,本科生觉得必须在本科后继续升学,以此应对灰暗的未来。几年前，一些学生留在学校是为了逃避征兵。如今，他们是出于对社会阶层下滑的恐惧。他们把顶尖职业院校视作充满不确定性的经济环境中的避风港，而为了获得进入这些院校所需的优异成绩，学生间的竞争愈发激烈。在很多人看来，本科生正变得越来越不关心政治，他们退回到私人生活中，以缓解经济上的焦虑。虽然20世纪60年代引入的生活方式变革（性、毒品和摇滚乐）延续到了70年代，但它们仅仅是逃离政治的又一表现。音乐品味变成一种休闲选择，和所喜欢的药物或性方面的偏好一样，与对任何议题的抗议或支持无关。阿兰·布鲁姆（Allan Bloom）引领了一批批评者，他们指出大学校园正在为了职业导向而忽视通识教育的核心价值，并通过消费导向的享乐主义培养了顺从的文化。他发出了著名的警告，称大学在60年代迎合了学生的政治诉求，在除教育以外的一切方面向他们让步。他还指出，本科生以往对学习的那种热情，已在粗鄙的校园娱乐中消磨殆尽。布鲁姆用几十年来一直触动保守派神经的话总结道："各种解放运动耗尽了那种非凡的活力和张力，让学生的灵魂变得疲惫而松弛，只擅长计算，却失去了充满激情的洞察力。"〔10〕

布鲁姆对缺乏活力的大学和学生的批评，并非是为了号召回归康德的启蒙思想，即摆脱自我强加的不成熟。康德设想的是公民逐渐从对权威的机械服从中解放出来。布鲁姆则构想了一个理想时代，在那里，最聪明的人并不追求自主，而是带着敬意、沿着引导，探究那些西方传统里的伟大思想家们提出的永恒问题。尽管布鲁姆似乎忽视了西方以外的传统，但我们可以注意到，他对教育持有一种儒家式的综合观点。[11]他遗憾地叹息，那些顶尖大学中最优秀的学生未能与经典哲学家进行对话。他认为，这种对话比任何其他的学习都更重要，因为正是在对传统的研读中，学生才得以成长为完全的人，活出真正的人生。对布鲁姆来说，最优秀的学生渴望了解自己的本性，而教育则是实现或完善这种本性的途径。但他认为，探讨如何过上真正的人的生活，在现代美国大学中已经成了几乎不可能的挑战。"现在的状况是，学生们对完美身体是什么样有强烈的想象，并不停追求它。但由于缺乏文本的引导，他们再也不了解完美灵魂的形象，也不渴望拥有这样的灵魂。他们甚至无法想象有这样的东西存在。"布鲁姆与60年代后期的学生、教师和管理者在政治和审美上有显著差异，但最令他愤怒的是大学放弃了本应承担的想象真正完美和伟大的责任。他写道："正是60年代激情的常规化，构成了现在发生的一切的核心。"[12]在宽容和民主的幌子下，学生们被塑造成无法再回应那些最重要、最持久的问题的人。而这些，毫不意外，正是布鲁姆在芝加哥大学做学生时被教导要重视的问题。

布鲁姆对高等教育的批判文章首次发表于1982年的《国家评论》（*National Review*）上，几年后，他据此提出的出书计划被西蒙与舒斯特（Simon and Schuster）出版社的编辑采纳。原定书名为《没有渴望的灵魂》，但为了增加他们预期会非常微薄的销量，营销部门对书名做了调整。《美国精神的封闭》（*The Closing of the American Mind*）于1987年初出版，到春季末便迅速成为畅销书。这本书变成了热门读物，起初甚至受到了那些被其批评的高等教育界人士的赞誉。正如文学教授路易斯·梅南德（Louis Menand）当时所说："它满足了我们对文化的负面看法（这种看法是现代性的永恒特征），同时无须自我批评。"[13]通过把自己批评年轻人的杂志文章打造为符合老一代人口味的畅销书，布鲁姆为专栏作家们树立了一个典范，许多专栏作家都曾以此为目标。但他的意外畅销之作不仅仅表达了一个发现自己最喜爱的文本不再像以前自己被教导时那样吸引学生的人的心声，更是对宽容的另一面的深刻诊断，那就是虚无主义和不再认真对待思想、品格。当每个人都有权持有自己的观点，且所有观点都应受到同等尊重时，人们便失去了发展关于何谓良好生活的有意义观点的动力，也失去了追寻真理的渴望。20世纪60年代及以后的高等教育，告诉学生要活出"自己的真理"。对于遵循其师列奥·施特劳斯观点的布鲁姆来说，这是现代性的一个根深蒂固的问题。尤其在以消费者为中心的资本主义社会中，市场成为唯一重要的评判标准，关于正义的本质、灵魂的完美，或政治、宗教与哲学间的兼容性等更重要、更持久的问题变得无足轻重。市场引导着人们注意力的方向，而大众则教会我们如何追随潮流，结果就是一场向下的竞赛。布鲁姆的保守派支持者往往忽视了他批评中的经济维度，沉迷于他对60年代的尖锐批判。他们并未将当代大学文化归咎于市场经济摧毁了西方文化基础，而是痛斥高等教育助长了民权、女权主义、反帝国主义和性解放，这些正是他们对从自由言论运动到伍德斯托克音乐节（Woodstock）等青年文化的不满所在。布鲁姆的著作在90年代依然畅销，但那时它已激发了一股批评的声音，其中既有攻击这本书的，也有加入批判高等教育的。保守派批评家兼编辑罗杰·金博尔（Roger Kimball）像布鲁姆粉丝俱乐部的所有人一样，享受他对大学文化的厌恶，"水瓶座时代*并没有在伍德斯托克最后一把电吉他的电源被拔掉时结束，"他写道，"它依然存在于我们的价值观和日常习惯里，存在于我们的品味、乐趣和追求上。它尤其存在于我们的教育和文化机构中，存在于充斥我们生活的、如腐蚀性雾霾般弥漫的低俗流行文化中。"[14]

●

可以想见，流行文化的迷雾对那些尚未定型、缺乏方向的学生尤其有害。保守派人士把责任归咎于大学，他们避开了市场和相对主义——这正是布鲁姆批评的对象——转而针对一个更险恶的敌人：那些向年轻人灌输个人政治观点的教师。布鲁姆并不认为教职员工或学生对任何事情都有特别强烈的观点，但对20世纪90年代和21世纪初的保守派而言，最大的威胁是那些"有终身教职的激进分子"对年轻人的腐化。金博尔提出，这些人非但不是相对主义者，而且"往往

---

* 1967年的音乐剧《头发》(Hair)的开场曲《水瓶座》(Aquarius)和台词"这是水瓶座时代的曙光"，把"水瓶座时代"的概念带到了流行文化中，后来人们常用这个词指代20世纪60和70年代嬉皮士和新世纪运动的鼎盛时期。

是不遗余力的传道者，致力于在他们与传统道德和价值观的战争中争取信徒"。[15]问题不仅仅在于一种脱离了哲学真理的文化多元主义，还在于马克思主义的、反西方的大学教师在说服学生摒弃大学所依托的传统。在80年代，自由派历史学家海伦·霍洛维茨曾对学生生活从政治参与转向追求经济成功表示遗憾。[16]20世纪90年代和21世纪初的保守派作家批评说，教学、学术和学习（至少在人文学科和解释性社会科学领域）已经沦为政治灌输。这些批评者认为，问题的根源在于西方传统中的伟大作品在课程中被多元文化主义者推崇的较低级的当代作品所取代。"当学生在政治哲学课上开始读弗朗茨·法农而不是约翰·洛克，问题显然已经变得非常严重。"金博尔抱怨道。[17]批评的焦点并非法农或某个特定作者，而是强调有些作品在西方历史中经受住了时间的考验，为了真正理解我们的文化，有必要深入研读这些作品。

没有人关心科学和定量社会科学是否经受住了"时间的考验"，这些学科本就应该聚焦于当代问题。没有人期望物理系教学生牛顿之前的理论，生物学也应该向学生展示最新的实验成果。但对人文学科中"当代主义"的担忧却从20世纪80年代开始显现，伴随着对教授们没有采用与20世纪30年代相同的教学文本和方法的担忧。对失去传统的担心常常与对种族和性别的焦虑交织在一起。考虑到高等教育中人口结构的变化，教师们在课程中引入女性和非白人作者的作品是不足为奇的。保守派认为这些新增内容对过往的伟大作品缺乏尊重。他们坚信核心课程中的经典著作的作者身份或"立场"

与其作品的价值无关。这些辩论至今仍在继续。

关于课程设置的争论向我们展示了培养学生独立思考这一理念已经变得多么复杂。教授们认为自己在教苏格拉底传统中的"批判性思考",评论者却指责他们是在对易受影响的潜在门徒说:"跟着我!"儒家式的和谐早已荡然无存。布鲁姆批评学生过于关注肉体而忽视灵魂,而在随后的二十年,保守派批评家更多将矛头指向了教师,认为他们用意识形态驱动选书和教学,腐化了年轻人。一些人认为学生的品味(如同美国人的普遍品味)已经堕落,但大多数人指责的是教授们未能着眼于高处,不再教学生们读经典,而是教流行文化和当代议题。在评论者们嘲讽现代语言协会会议上论文的低俗标题,或列举出一些包含老校友不认识的书的课程大纲时,批评者并没有真的为学生开脱。但他们确实把学生当成了受害者。学生采取的政治行动也被归咎于教授。无论是本科生的激进主义还是狭隘的职业预科主义(pre-professionalism),最终都被归咎于被宠坏了的、激进的教授,他们被认为操纵着被动的(不自由的)学生。〔18〕

由于缺乏传统人文导向教授的引导,那些为了跻身顶尖研究生项目或得到优质实习机会而努力刷分的本科生,几乎对西方文化经典著作所讨论的深刻问题毫无兴趣。在过去,学生们在与这些书的"近身搏斗"中成熟,避免盲目跟从教师或同龄人的风尚。近年来,年轻人及其所处的文化环境受到了另一种批评,这种批评直指那些驱动学生,尤其是精英学院和精英大学学生的无休止的成就欲。这不是简单批评学生有雄心壮志，而是他们的雄心狭隘地局限于追求可量化目标上——主要是赚钱。在2014年的一篇杂志文章和次年出版的畅销书中，文学评论家、前文学教授威廉·德雷谢维奇（William Deresiewicz）形象地将这些追求者称为"优秀的绵羊"。他认为，在学业工作紧张节奏的表象下，本科生们实际上在学习如何顺从。与布鲁姆之前的观点类似，德雷谢维奇也忧心忡忡于校园中的从众心理。不过，与布鲁姆认为问题在于以平等为名的松弛的道德相对主义不同，德雷谢维奇认为新自由主义的市场成功信条是驱动这种从众行为的主因。聪明的孩子们渴望拿到优质实习机会，而这些机会多集中于咨询和金融业。这些实习之所以吸引人，是因为它们能通向高薪工作。在赢家通吃的经济体制下，你要么争取拿到那枚金戒指，要么就是失败者。[19]至于独立思考、走上朝向成熟的启蒙之路，可能会妨碍学生走向经济体制为最聪明的他们预留的特权位置。自18世纪以来，学生身份与自由思考的联系日益紧密。但如今，自由的理念正逐渐被经济利益的诱惑所取代。到了20世纪末，尤其是在美国，好学校就是那些能让学生有机会拿到这些利益的学校。

在当今许多美国人的观念中，在高中"做一个好学生"意味着与其他年轻人竞争，其目标是进入一所能引领未来成功职业道路的大学。尽管绝大多数高中毕业生从来没考虑过申请那些录取门槛极高的精英大学，但公众却将大量的注意力集中在这些录取率低于50%的百余所大学和学院上。这种关注无形中加深了人们的认知：真正的"好学生"是那些能突破重重难关，成功跻身精英学府的人。众多教育机构也坚信，那些被录取的人比那些没通过选拔的人更具价值。尽管招生过程对外界不透明，且有证据表明学校越精英就越可能以此维持现有的财富和声望等级，但这种信念依然存在。如今，在美国通过教育实现向上流动比在其他许多工业化国家更困难，也许正因如此，这里的年轻人才对优绩竞争如此执着。无论这些精英学校是否真的能培养有效的领导力，它们都在再生产经济和文化精英。现有等级制度的合法性依赖于其优绩主义承诺。

学生、竞争和经济特权之间的联系其实是近期才形成的。我们必须记住，美国超过80%的大学生就读的是录取率超过50%的学校。时至如今，只有不到五十所学校的录取率低于20%。它们因为拒绝了如此多申请者而得到极大的公众关注，而这些关注又进一步增加了需求，巩固了它们的排他性。对精英学校的过度关注扭曲了我们对大学生意味着什么的理解。回顾20世纪70年代，情况截然不同。以斯坦福大学为例，如今它因仅录取5%的申请者而位居录取难度最高的大学行列，但在70年代录取率高达三分之一。20世纪80年代末，约翰斯·霍普金斯大学仍然接受大多数申请者，而在90年代，芝加哥大学的录取率超过四分之三。今天这两所学校的录取率都不到10%。录取率这样下降，部分是通过为了提高学校杂志排名的营销活动实现的。过去三十多年来，精英学校一直在努力变得更排他，好像这种排他性就体现了其教育质量一样。最好的学生会进入最好的学校。那怎样判断哪些学生最优秀呢？就读于最难考入的学校，即拒绝最高比例申请者的学校。这就是它们的逻辑。[20]

对精英学校教育质量的信赖依赖于对其招生公平性的信任。七十五年来，高等教育界的领袖们时不时地致力于构建至少表面上合法的招生程序。从标准化考试、慷慨的财务资助，到平权行动，大学已经发展出一套让申请成功者相信过程的公平性，不会认为它偏袒权贵的招生程序。比如，他们会探讨家庭背景和财富在选拔过程中发挥了什么样的作用，但其目标并非通过追求平等来实现合法性，也不是促进各学校间的平等，更不是对所有学生一视同仁。后者可以通过某种形式的随机抽签录取实现，但那样一来，被精英学校录取的只会觉得自己运气好，而非被特别选中或天赋使然。精英学校试图通过宣扬这样一个理念来证明它们的排他性是合理的：它们在精心挑选校园社区成员，以此最大化所有成员的教育成果。在选择谁成为自己学校的学生时，精英学校还推动了这样的理念：它们的学生选拔方式有助于提升社会流动性。毕竟如果能够证明不论学生有什么样的背景，都能助推其进入成功的职业道路，那这便是增强机会平等的明证。大学将会被与一个更广泛、更公平，因而更有合法性的文化和经济体系联系起来。虽然并非每个人都能得到相同的结果，但机会是均等分配的，学校通过采取平权行动等方法来弥补长期以来的不公。选拔性的高等教育机构只需承诺公平地录取学生，通过审阅申请材料，识别出那些具备最大潜力，因而能最充分利用其教育资源的人才。把种族和社会经济条件等因素纳入考量，被认为是公平性的重要组成部分。如此一来，大学和学院推动了社会阶层的向上流动，而非简单地挑选出最终的胜者。

遗憾的是，实际情况并非如此。精英学校的招生筛选过程往往偏爱那些本就拥有一切优势的学生，即那些成功的基础建立在继承来的特权上的学生。人人都知道，筛选性最强的学校通常充满了富人的孩子。在几十所此类学校中，来自收入前1%家庭的学生数量比来自收入后60%的学生加起来还多。大学领导者常常将这种不平衡归咎于K-12教育的不公平。富裕家庭及其所在社区能够提供更优质的中小学教育，他们的孩子不仅享有特权，而且确实准备更充分。这一点已不是新鲜事。的确，二战后开发的标准化考试原本旨在消除精英高中预科的优势。考试设计者希望借此更准确地识别学生的自然潜力。然而，金钱同样能帮助备考，因此标准化考试反而复制了它原本想要解决的不平等。

现代学生观念认为，学生是自由和独立思考之路上的旅者，但这些对高等教育的批评却削弱了这一理念。诸如对录取不公、政治同质思维，以及盲目追求成绩和实习机会的指责，都损害了学习作为实现走上个人自由独立思考之路的纯洁性。若学习机会分配不均，那么那些能够意识到所接受的教育本质上已经腐败的有思想的人，就应该拒绝这种教育。如果上大学意味着自我洗脑，那么在那里就找不到启蒙。尽管批评者对高等教育已经失败的看法在很大程度上是正确的，但许多人还是在大学里找到了其他地方难得的探索自我和世界的机会。如果一个人想探索那些已经不再流行的文化形式，就像孔子及其追随者所做的那样，大学校园通常提供了实现这一目标的资源。同样，如果有人想像苏格拉底和他的对话者那样，通过揭露他人的无知来挑战现有等级制度，大学也可以是培养这些能力的理想场所。耶稣曾向他的门徒承诺精神上的重生，今天我们也能看到许多本科生因教育而发生深刻的转变。高等教育的批评者希望它能实现成为学习自由之地的理想，高等教育的捍卫者也是如此。尽管有许多不足，但许多学生同样抱有这样的期望。

◉

学习自由对学生意味着什么取决于他们带到教育中的背景。对于那些深受这个不断制造更大不平等，且缺乏对弱势群体的保护的不平等经济体系之苦的人来说，学习机会犹如救命稻草。但获得机会也可能让人感觉落入陷阱。虽然进入精英大学对低收入学生可能带来巨大转变，但同时也可能让他们感到极度疏离。作为一名曾经的低收入学生，教育学教授安东尼·亚伯拉罕·杰克（Anthony Abraham Jack）详细描述了大学在学生资助方面的种种不足，特别是对那些依赖学校支持才能满足基本需求的学生。比如，当大学在春假期间关闭食堂，一些低收入学生就可能会挨饿，或者不得不依赖慈善厨房。当大多数勤工俭学岗位的工作内容是为富裕学生服务或打扫卫生时，阶级差异就会加剧。那些没有稳定住房或需要往家寄钱的学生，常会在基于其他群体的需求构建起来的校园文化中被边缘化。"精英大学如今充满了令人困惑的矛盾，"杰克强调道，"它们竭尽全力接纳弱势学生进入它们神圣的殿堂，然而一旦这些学生入学，校方却实施那些不仅提醒他们自身不利处境，而且放大这种感受的政策。"[21]

在过去的十年里，学生和管理人员通力合作，共同应对高等教育中低收入学生所面临的难题。低收入学生不再承受羞辱和污名化，而是联合起来形成互助社群。十年前，在卫斯理大学，一位自幼极度贫困且深刻影响其身份认同的学生领袖找到我，提出为那些是家庭中第一个上大学的低收入学生设立官方宿舍。那时，比起向上的社会流动，他更关心与那些有相似经历的人相联系。克服自身贫困的想法虽然诱人，但也伴随着一种背叛感和羞耻感。在关注身份问题的校园中，这种复杂心情引发了广泛共鸣。20世纪初，"第一代大学生"或"第一代低收入大学生"（first-generation low-income student，FGLI student）的身份标签开始出现。[22] 1998年对1965年的《高等教育法案》（Higher Education Act）的修订将那些父母未获得本科学位的学生列为需要特殊支持的对象。[23]逻辑很简单，虽然"第一代大学生"的身份界定尚有模糊之处，但"考虑到学生成绩、家庭经济状况、学校特点以及家长教育参与度等因素，那些在家庭中首个跨过大学门槛的学生，通常在提交申请和获得通过方面有更多劣势"。[24] 如今，全国众多高校纷纷设立了面向第一代低收入大学生的专项计划，并组建了FGLI联盟为一百多所选拔性高校的管理者提供服务。许多选拔性高校的招生办公室密切关注着校内第一代大学生的比例，并希望提高这一指标。正如学生们可能被认定为"反叛者"或"书呆子"——这些是校园里辨识度比较高的亚型，今天的学生也可能是FGLI。由于我的父母都没有上过大学，所以学生和同事们常问我作为70年代初的第一代大学生是什么体验。我会解释说，那个时候根本没有第一代大学生，因为这个身份类别那时还没被创造出来。在某个群体的身份在文化中被定义之前，任何人都不可能归属其中。如今，第一代大学生和FGLI身份的兴起至少意味着，更多学生能以拥有共同认同的社区成员身份来面对大学的挑战。对他们来说，学习自由的意义将不同于那些家境优渥、人脉广泛的学生。

虽然FGLI学生在全国各地的校园里表达了自豪感，但鲜有大学生希望毕业后仍停留在低收入阶层。事实上，那些进入精英大学的普通家庭学生确实获得了宝贵机遇。哈佛本科生中的近20%有资格申请佩尔助学金（Pell Grants），他们无疑从与哈佛的联系中获得了社会经济地位提升。他们中超过半数的人在毕业后将进入经济阶层的前五分之一，而在美国其他地方这种跃升的可能性不足2%。而且这一现象并不仅限于常春藤盟校，那些支持学生在校园内取得成就的精英大学，同样在学生毕业后助推其社会经济地位的提升。[25]那位在卫斯理大学为低收入学生争取基于身份的住宿的年轻人，后来在一家知名大型科技企业工作，并鼓励同伴们"传递善举"。

无论对需要补贴家用的低收入学生，还是对在特权比赛中试图超过别人的富家子弟，以经济提升为目标的学习和以自由为目标的学习都显然是两回事。虽然不乏反叛故事，但总的来说美国精英大学毕业生的成功故事凸显了这些大学如何深深植根于优绩主义文化中。最出色的大学生被定义为能通过最严格筛选的学生。由此，教育机构被深深吸纳进了（并在某些方面定义了）当代优绩主义体制。正如哲学家迈克尔·桑德尔（Michael Sandel）所指出的："选拔性精英大学和学院之所以变得无比吸引人，正是因为它们处于新兴的基于绩效的等级体系的顶峰。"这是一个让那些取得经济成功和社会地位的人相信，他们是凭自己的努力成功且整个晋升过程公平的体系。在这个基于优绩的等级体系中，做学生不再意味着成为一个在思考和判断方面走向成熟的人，而是正被归类到竞争激烈的社会和经济体系中的合适位置的人。从这个角度看，高等教育系统宛如一台分类机器，那些攀至顶峰者与其他人之间的距离不断拉大。正如桑德尔指出的那样，雇主之所以选择在特定学校招聘，不是因为他们认为学生在那里学到了很多东西，而是因为"雇主信赖这些学校在选拔功能上的有效性，并看重它们颁发的优绩勋章"。[26]

在这个以优绩为导向的世界里，学生总是在与他人竞争，试图分清谁才是真正的胜者。学习被重新定义为一场竞赛，其目的是让各领域中的顶尖人物显现出来。这与孔子、苏格拉底或耶稣所理解的学习完全不同。他们的学生之间虽然也有竞争，但学生并不以严格竞争的方式学习。现在的学生被教导要不断评估自己在同伴中的位次。你可能会回想起前面提到的，卢梭认为，之所以不让爱弥儿和其他学生一起学习，是因为这会使他过分在意他人的表现和评价，忽视自我能力的发展。我们已经背离这些告诫多么远！在赢者通吃的经济环境下，今天的年轻人已准备好不惜一切代价确保自己不落后于人，以期在毕业后找到一份令人艳羡的工作。落后已经成为当代的"罪"。人应该渴望别人所渴望的，这样才能更有效地和别人竞争。那些未能拔得头筹的人，往往会加倍努力，以确保自己不会在优绩阶梯上滑落太远。"在不平等程度已极度扩大的情况下，公共文化却不断强化我们应对自身命运负责、所获得的一切都是应得的观念，"桑德尔感叹道，"这仿佛是全球化的赢家们在说服他们自己和其他人，无论是站在顶端还是底层，所有人都恰如其分地站在自己应得的位置。"[27]

学生在优绩主义体系中扮演着关键角色，因为他们处于等级秩序尚未完全建立的过渡阶段。然而，试图通过合法的选拔过程来正当化美国日益扩大的不平等现象，已经碰到了与那些基于世袭特权的体制相似的困境。家庭已经找到多种方式来实现政策研究者理查德·里夫斯（Richard Reeves）所说的"机会囤积"（opportunity hoarding），即通过积累各种特权来增加后代在竞争中获胜的可能，即便这可能导致那种所谓"明明是出生在三垒上，却认为是自己打出了三垒安打"的情况。里夫斯并不期待父母放弃为改善孩子的生活尽力，但他坚信："我们应当致力于废除那些让父母得以给子女不公平优势，进而限制他人机会的政策。"无论是分区法、增加社区学校预算的本地筹款,还是大学申请游戏,这些手段都在无形中为某些家庭铺设了玻璃地板,而这个地板也成了其他人的玻璃天花板。[28] 然而,要让父母们认识到他们为保护自家孩子所做的努力实际上损害了他人的利益,无疑是一项艰巨的任务。

在关于不平等的辩论中,学生成为构建更公正社会的不同理念的争论焦点。并不是学生创造了这个看似注定要用日益加剧的不平等来换取生产力提高的经济体系,但许多关于这些不平等的焦虑却被投射到学生和教育他们的机构身上。在众多校园里,学生们也在反对这种制造赢家和输家,且其结果常常是将更多财富集中到富人手中的体制。这解释了为什么年轻人对同龄人如何利用特权和他们的机构如何通过偏见来强化等级制度如此敏感。几个世纪以来,年轻人一直是反抗"体制"的先锋,难怪那些希望维护现有做法的人,往往指责学生及其教师,认为他们未能欣赏长辈们所建造的世界。

●

很少有人愿意把自己视作被一台分类机器分类的对象。当人完全变成了外部力量的作用对象,就再也不可能达到康德所描述的启蒙——摆脱自我强加的不成熟。这毕竟是一个发展自主性的过程。我们一直在追溯的现代学生观念,是人们逐渐成为自己,而不仅仅是被分配(或推入)一个位置。好学生是那些即便在没有老师,甚至没有即时奖励的情况下也能学会自主学习的人。

进入21世纪20年代，互联网和数字技术的发展催生了多元化的学习方式，"学生"一词似乎太狭隘，无法涵盖那些跨越年龄界限、积极学习新技能、寻求新体验，而且通常不在传统大学校园里学习的人。许多重新思考课堂的教育工作者认为，"学生"一词暗示着不成熟以及较为限定的学习，这与数字环境中尤为盛行的技术驱动、充满探索性的学习方式有所区别。主动学习，或者一些人所说的"行动学习"，旨在避免人们成为只为了获得教师认可而学习的"刷题党"。他们通过自主的行动来学习，而这种自主性正是教育者所看重的。比如，一位教师提到，她班上的学生只关心"玩游戏"，即为了获得好成绩而学习。在她看来，"'学生'这个词更多意味着顺从以及外在形式，而非任何内在或持久的东西"。[29]我们常听人说，学生是被权威或规则所驱动的，而真正的学习者则自发地好奇。[30]在这种重新定义中，学生过于注重顺从，以至于无法在启蒙过程中取得进展。正如一位教师在《今日心理学》(*Psychology Today*)杂志中所说：

> 好学生是指那些能够理解所提要求，并具备基本认知能力、社会情感倾向以及满足这些期望的人。这些人以任务为导向，目标明确。任务由外部决定，目标则是取得好成绩或通过考试。……相比之下，好的学习者不仅在表现上和好学生一样好，而且还具备额外的认知、社会和情感特征……首先，他们享受学习本身的乐趣……

实际上相较之下，好学生更擅长信息管理，而好的学习者则更积极参与知识构建。[31]

正如教育家兼顾问凯瑟琳·麦克拉斯基（Kathleen McClaskey）在《学习者与学生：你希望谁在你的教室里？》（Learner vs Student: Who Do You Want in Your Classroom?）一文中直言不讳地说的那样："学习者可以在没有教师的情况下学习，但学生只能在有教师时才成其为学生。"[32]

"学习者"这个词被用来描绘一种特定类型的学生——那种展现出自主性、能够自我驱动探究和反思的优秀学生。或许最重要的是，偏爱"学习者"而非"学生"，表明教师希望与那些在知识获取和探究过程中积极主动的人合作。这一点与过去二十多年中兴起的项目式学习（project-based learning，PBL）理念不谋而合。与"学习者"和"学生"的对比类似，项目式学习与传统教学的核心差别在于主动和被动。从PBL的视角看，传统大学课堂中的教授充当"讲台上的圣贤"向学生传授智慧，而学生则尽可能地吸收这些知识（同时避免打瞌睡）。而在PBL的主动学习模式下，学生通过实践来掌握知识。这看似很简单：老师会提一些简答题，学生则通过电子投票系统作答，然后展示他们和班里其他同学的答案。一些老师还会给点击了正确按钮的学生提供小奖品或证书，以此表彰他们理解了材料。这种初级的游戏化手段似乎有助于保持学生的学习节奏，以便达成课程目标。小组合作项目也特别适合那些能够被任务协作激发学习热情的学生。通过完成任务，他们不仅掌握了抽象概念，还锻炼了技能，并积累了宝贵的真实世界的经验。回到康德的准则，通过成为主动的学习者，他们正在摆脱那种仅仅吸收他人教导所带来的不成熟。在与他人合作并将想法应用到具体项目中时，他们承担了责任，并在学习中成长。主动获取的知识也更加牢固。STEM（科学、技术、工程和数学）领域的研究似乎证实了主动学习的有效性。[33]尽管如此，许多经验丰富的大学教师仍然不愿尝试与他们学生时代不同的教学方法，许多本科生也对主动学习持抵触态度。[34]一些人反对被分配到不合群的团队，另一些学生则表示，他们更喜欢集中精力听讲授，而不是被手机上的多项选择题分散注意力。虽然研究显示，项目式学习的学习效果更好，但学生们常常抱怨这种学习方式的工作量太大！

如今，许多学者倡导的主动式教育并非以个人为中心，而是强调群体建设。北卡罗来纳大学的社会学家崔西·麦克米兰·卡敦（Tressie McMillan Cottom）设计她的数字社会学课程时，非常注重学生在学习社会学理论的同时学习如何与他人合作。提高学位完成率的最有效方式之一，是构建小型学习共同体，让学生们一起追求成功。"课程设计旨在最大限度体现建构主义原则，让学生所学的社会学理论与他们自己的生活和工作经验紧密相关，反之亦然。"她写道。教育学理论家凯茜·戴维森（Cathy Davidson）回忆，纽约市立大学的副学士速成计划（Accelerated Study in Associate Programs，ASAP）通过识别并激活经济困难学生所在的各种社区，使纽约市社区大学的毕业率翻了一番。[35]这些项目强调,人们在非孤立环境中学习时会表现得更好。传统的独立自主学生形象,被新的在社区中积极互动、共同成长的学习者形象取代。

在这个很多人设想新一代大学生应该在技术加持的课堂中用项目团队合作的方式学习解决实际问题,而非单纯坐着听老师讲课的时代,有必要回顾一种更为传统的主动学习方式,那就是围绕文本进行小组讨论。在专注于经典著作或核心课程的研讨班中,我们的目的并非培养精通古代哲学或文艺复兴文学的专家,而是旨在激发学生对那些历久弥新的作品进行批判性和创造性的思考。在讨论中,学生们不仅从讲台上的智者那里汲取智慧,更共同探索那些可能帮助他们构建更有意义生活的问题。耶鲁大学教授安东尼·克朗曼（Anthony Kronman）在描绘研讨班中"对话的伦理性"时,也以与布鲁姆类似的方式,哀叹学生们比起关心卓越,更关心平等和多元性这样一种"民主的平庸浪潮"。克朗曼认为,有些人能够在与他人的协作中主动学习,尤其是在共同面对西方传统中那些历久弥新的问题时。[36]罗斯福·蒙塔斯（Roosevelt Montás）也认同经典文本研讨班的伦理价值,但他更强调其民主化的潜力。对于像他一样来自贫困背景的学生来说,在小型讨论组中主动学习可以带来解放。如蒙塔斯所说,这样的课堂"超越了生存需求,关注人类生活的意义,因为博雅教育不问如何谋生,而是问生活的意义何在"。在《拯救苏格拉底》（Rescuing Socrates）一书中,他讲述了在初到纽约适应贫困移民生活时,哥伦比亚大学核心课程中的经典著作研讨班如何改变了他的人生，以及这种体验为什么是"我们颠覆社会特权阶层的最强大工具"。蒙塔斯一直专注于他在学生时期接触的经典文本，同时也深知任何经典体系都应保持开放，随时接受修正。研讨班的宗旨并非向准备参加考试的学生灌输古典学知识。"在核心课程中，通过每个小组成员的积极参与，知识并非由教师单向传输给学生，而是在小组的共同探究和反思过程中构建出来。"[37]这种以积极加入构建知识的方式参与传统的"大书研讨会"，与技术加持的"翻转课堂"（学生在团队合作中完成作业，自己在课下观看讲座录像）中的PBL学习模式有相通之处。

无论是通过合作完成项目，还是共同研读文本以探索其与个人生活的联系，创造一个充满主动学习者的课堂都与康德为启蒙所设定的理想极为接近。其核心在于摆脱不成熟，承担起自己学习的责任。学生处于变得主动、走向成熟的过程中，但成熟的终极目标并不能预先设定。学习自由的方式有很多种。学生正处于一个到处都是"尚未"的阶段，一个逐渐成熟的时期。康德曾说，我们所处的并非一个已启蒙的时代，而是一个启蒙中的时代——一个逐步摆脱不成熟的"便利"的过程。像美国的约翰·杜威和巴西的保罗·弗莱雷（Paulo Freire）这样的教育哲学家，都持有这种以过程为导向的学生发展观。杜威视课堂为民主的摇篮，学生在此培养独立实践的能力，而这将最终使他们为公共领域做出贡献。弗莱雷则强调，教育是学生人性发展的过程，因为人性的核心维度之一就是自由。对弗莱雷而言，课堂中的批判性对话实践能够帮助学生摆脱压迫，发展其潜在的自由能力。他所设想的对话打破了学习者和教师之间的等级区分，代之以一种更平等的共同构建知识的图景。杜威和弗莱雷对美国的教育实践产生了深远影响，而近些年来印度艺术家和哲学家拉宾德拉纳特·泰戈尔的影响则更加细腻。泰戈尔强调，主动学习不仅在于赋予学生做更多事、获得更多知识的能力，还在于拓展学生感受的能力，尤其是同情。"知识可能会让我们更强大，但唯有同情才能使我们圆满。"[38]

◉

若要"获得圆满"，除了扩展学生的智力能力，或许还需摒弃那些使人对世界封闭的思维和情感习惯。借助批判性思维，我们能减少错误推理，提升抵抗误导的能力。这与苏格拉底的传统一脉相承。教师应引导学生分辨哪些信息可靠、什么是好的论证，以及那些用来操控人的谬误。虽然教育者们在许多方面存在分歧，但对于批判性思维的重要性却有普遍的共识。甚至有一个批判性思维基金会，致力于推广"超越学科界限的普遍智识价值：清晰性、准确性、精确性、一致性、相关性、可靠证据、充分理由、深度、广度与公正"。[39]无论学习哪个领域，批判性思维都能让我们通过质疑自己是否真正了解自以为知道的东西，从而成为更好的学生。

然而，人并不仅仅受论证和证据的影响，我们也是感性生物，情感有时会让我们罔顾事实和逻辑，走向欢欣或愤怒。

归属感让人愉悦，单靠批判性思维并不足以使学生拒绝从众思维、归咎他人和仇恨带来的快感。理性永远无法取代情感。因此学生需要"批判性情感"（critical feeling），即一种用以替代愤怒的实践情感方式。[40]在当今的美国，愤怒与自我中心主义，以及通过寻找可憎的外人强化群体认同的倾向交织在一起。学生很快就从权威人士那里学到了这一点。在知识分子圈子里，愤怒往往转化为讽刺，这使话语阶层能够在不明确显露其价值观的情况下维护小团体的边界。人们可以幽默地贬低外人，而无须显露任何会暴露其所属的特定群体的信念。批评别人的天真观念总比捍卫自己的立场要容易得多。正如柏拉图《理想国》中色拉叙马霍斯对苏格拉底的反讽式怀疑主义的批评所言：他从不给出自己的回答，却把别人的回答拆得七零八落。不过，今天的人更多可能出于对承诺的恐惧，而非真正的智识谦逊。

那么，如何运用批判性情感来消除这些倾向呢？其实教师们经常这样做，每次我们热情地向学生介绍他们可能觉得陌生或冒犯的作品时，或者用马克·埃德蒙森（Mark Edmundson）的话说，当我们教的是我们热爱的东西时，我们就在做这件事。[41]我们通过莎士比亚扩充学生的同情心，通过詹姆斯·鲍德温（James Baldwin）加深他们对种族背叛的理解。[42]当我们帮助学生欣赏小说中不完全讨人喜欢的角色，或者帮助他们欣赏某个假设与他们自己相悖的论证时，我们不仅在扩展他们的智力视域，也在扩展他们的情感视域。当我们在教学中邀请学生去体验他们在自己精心挑选的社交圈里永远不会遇到的身份和意识形态时，我们就在提升他们处理情感力量的能力。

在我的学生努力理解亚里士多德为何提出关于习惯的观点、卢梭为何将不平等与社会发展联系起来、简·奥斯汀为何认为虚荣有碍于爱情，或者托妮·莫里森《宠儿》(Toni Morrison, *Beloved*) 中的塞丝（Sethe）为何执着于那些困扰她的事物时，他们正在锻炼自己的同理心，增强洞察力。他们变得对自己的情感是如何被激发和转移的越来越有自觉意识。在与那些令他们不安的思想和角色主动建立起情感和智识联系的时候，他们扩展了自己的世界观。如果我们希望学生学会的是辨别，而不只是批评，那么我们必须给他们创造机会，让他们与那些自己可能永远不会遇到的思想和情感近身搏斗。[43]

在博雅教育中，逐渐扩展的情感理解力向来是成熟的重要标志——不仅要独立思考，还要独立感受。通过历史、文学和艺术，我们与属于情感、创造力和智慧的世界建立联系，超越我们的个人身份和群体归属。这种批判性情感的锻炼有助于学生抵御煽动性操纵和怨愤政治的误导。它会使学生更加愿意去理解为何他人对某些事物情有独钟。通过探索世界的复杂性，学生得以练习如何在智识和情感层面建立联系。在当前这个鼓励以群体团结为名、行狭隘主义之实的政治和文化环境中，通过增强批判性情感能力帮助他们超越这种局限，变得前所未有地重要。

好教师常能激发学生强烈的情感，但最好的教师会以一种能够消除学生对其教导的需求的方式开展教学。尼采在1874年曾说:"做一个解放者就是教育者所能达到的上限。"大约一个世纪后,约翰·巴尔代萨里(John Baldessari)说,要成为一名优秀的艺术教师,关键在于知道何时让路。[44]教师的目标是帮助学生超越课程旁观者和消费者的角色。好老师能够营造一种环境,让其中每个人都成为学习过程的主动参与者。威廉·詹姆斯在一次面向教师的演讲中说:"对除了一种特定快乐之外的所有事物麻木不仁,是我们变成讲求实用的生物后必然付出的代价。"但当学习真正发挥作用、学生的创造性智慧得以被激发时,"我们习以为常的价值体系便会陷入混乱,我们的自我会分裂,狭隘的兴趣会瓦解,此时我们感到必须寻觅一个新的中心和视角"。[45]教师有责任向学生介绍那些他们难以自行发现的知识。这些知识关乎自身和世界,能帮助他们构建新的视角和感受方式。教师引导学生走到一个更可能发现新的中心视角的地方,但最后一步的发现应当由他们自己完成,因为这正是摆脱不成熟状态的一个部分。在毕业多年以后,许多学生仍然对那些启发他们的才华横溢的教师充满感激,因为这些教师帮他们打开了那些原本永远不会出现的探究和欣赏的可能性,而且知道该在何时退出,让学生自己踏出最后一步。这些教师的价值不仅在于他们懂得学生渴望了解的所有知识(尽管这当然是整个图景的一部分),更在于他们培养了学生渴望拥有的专注、分析和开放的习惯。学生们并非简单地学习如何用老师的标准评判世界,而是通过教师的引导,去体验和理解那些只有在指导之下才能触及的深刻经验与现实。伟大的教师会帮助那些与之共事的人成为更好的学生。

●

从我第一次踏入大学校园至今已经快五十年了，那之后我的大部分时间都在不同学院间辗转。在这些年中，美国上大学的人数比例大幅提高。高等教育已经作为学生生涯的最后一站，成为许多美国人顺理成章的期待。在本书关于学生这一概念的研究进入尾声时，让我们思考一下如何选择大学才能最大化学生的价值。如果说学生在一般意义上都处于逐渐摆脱不成熟的边缘状态，那么大学生就尤其处在依赖和自主的交界地带。孩子们被期待听从安排，而且在西方世界，整个青春期通常都必须在学校。在当今的美国，许多人因没有某种形式的大学学历而找不到能够维持生计的工作。这一学位已经变成了个人成熟的标志。在过去，如果学徒不再依附于师父、准备好自立门户，人们便说他"获得了自由"。今天拿到毕业文凭的大学生们也被认为能够在经济和社会中自由且独立地生活。假如真能总是这样就好了。

即将步入大学的年轻人往往面临一个看似重大的选择：哪所学校能够提供最优的资源与挑战的组合，帮助他们进入成年人的世界？大多数美国学生在做这个决定时都是用经济头脑。大学的学费是多少？哪所学校离家或者离工作地点更近？和欧洲的许多大学一样，大多数美国学生都就读于社区大学。他们通常通勤上学，还经常边上学边兼职。想去远离家乡的学校的学生，通常会关注哪所学校提供的经济援助最多。在过去的二十五年中，美国高等教育费用高昂的问题逐渐凸显。即便是在我上学的20世纪70年代，学费也让人感到压力巨大，正因如此我为了减轻家庭负担，决定三年毕业。现在上大学的费用更高了，学生债务问题已经成为数百万人的困扰。如果你在谷歌搜索引擎里输入"学生"一词，最先跳出来的选项之一肯定是"贷款"。对一个背负着沉重学生债务的人来说，成为自主且启蒙的成年人绝非易事。

对于那些有幸能自主选择深造地点的年轻人来说，不存在一个适用于所有人的公式。考虑到经济压力，许多学生在择校时，倾向于选择那些能给他们通往高薪工作的学位证书的学校。这种关于高等教育能够提供什么的观点过于狭隘，长远来看也并不实际。大学毕业后应该有能力为自己争取一份能赚钱的工作，这是理所当然的。但这初出茅庐的第一份工作应当是你未来人生所有工作里最差的一份。本科时光为你提供的应当不仅仅是即刻投身职场的准备。

大学教育应当通过培养思维和精神的习惯，帮助学生为一生的持续发展做好准备。茁壮成长意味着实现自己的潜能，而这是自由的一种表现。通识教育应当能让你发现那些你不知道自己拥有的能力，同时深化那些为你提供意义和方向的能力。[46]正如哲学家玛莎·努斯鲍姆（Martha Nussbaum）所言，一种卓越的涵盖通识教育的大学教育，将会有助于开辟"多种成长可能性的新空间"。[47]

探索这些成长的可能性，与试图弄清如何适应现有世界截然相反，正如爱默生在一个世纪前所指出的，适应是一种注定失败的主张，因为世界变化如此之快，明天已非今日。但在茁壮成长时，你会找到塑造变化，而不仅仅是应对变化的方法。那些在大学中收获最大的学生通常是反适应主义者，他们致力于发现自己是谁，以及什么是自己认为有意义的工作。多年来，我常常发现他们是我课堂上最有趣的学生。听起来矛盾的是，他们通常也是给其所在组织带来最大价值的人。因为这些从大学里收获最丰的学生也会扩展周围人的视野和机会。他们既是社区中的积极分子，也是能力精湛的个人。

当年轻人参观可能的未来校园，试图将自己想象成其中的学生时，他们遇到的其实是一个个独特且性格易变的大学。多年演变而来的学生文化，最终决定了那些在此度过关键岁月的年轻男女的感受。这种文化也会帮助他们顺利过渡到大学毕业后的生活。是学生，而非教师或行政人员，塑造了这种文化。美国最具智识活力的校园，正是那些滋养并回应学生能量的地方。这正是学生和家长在参观校园时试图理解的东西。他们希望感受到这种激发的力量，并判断这是不是他们能够贡献并被激发的能量类型。一旦他们感受到这种能量上的契合，便可以做出选择了。

无论学生选择在哪里上大学，有三件事是他们应当在那里学习的。第一件是发现自己热爱什么。这并不像听起来那么简单，因为许多年轻人把别人认为自己擅长的东西误认为是自己热爱的东西。或许老师曾告诉他，"你太擅长学数学了！"或者"你对诗歌的感受力真好！"，但这些夸奖不应成为学生尝试新的学术领域及研究方法的障碍。大学阶段正是勇于尝试、广泛涉猎各类学科和实践活动，寻找哪种工作能给自己意义感和喜悦的时光。[48]在我还是学生的时候，曾有幸偶然接触到一门哲学导论课，这门课让我心中充满了光是想想就激动的问题。老师与课程主题的完美组合让我感觉自己充满活力——也许是充满困惑，但总之是处于一种我一生珍惜的专注状态。

第二件无论去哪里上大学都应该学会的事情是，提升自己在所热爱领域的能力。仅仅"发现自己的激情"是不够的，学生应当被激励着（并被推着）通过实践来提高自己的能力。这需要付出艰苦的努力，也需要教师帮助学生认识到他们能够比自己想象的更进一步。我有幸遇到过挑战我观点的老师，他们鼓励我更广泛、更深入地阅读，并在我的论文上用红笔批注。教师必须克服对因设定高标准而疏远学生的恐惧，而本科生必须明白，批评是一种很宝贵的东西——而不是需要为自己抗辩的东西。学生还应该学会如何将自己的技能、经验和智慧与他人分享，这是每个人都应学会的第三件事。无论就读于哪所学校，那些从大学中获益最多的学生，都能够将自己在校园中学到的东西传递给校园外的人们。

在今天的美国选择一所大学不应只考虑"适合"和"舒适"，也绝不应仅仅看重学校的声望和提供的设施。选择应当体现个人的志向，它应是一个能让你想象自己在其中探索世界，发掘自身与世界互动能力的地方。你所选择的大学，应当是一个能让你茁壮成长的地方,既能更深刻地认识自己,也能发现世界的更多重要维度。

大学已成为我们文化中培养终身学习兴趣的关键场所,但它并非唯一选择。那些追随孔子的人从不认为学习会有终点,但他们确实相信,存在某种与传统和周遭世界的互动方式更有助于理解自身在其中的位置。苏格拉底提醒他的对话者,无知是人们永远无法彻底摆脱的状态,正是探究精神和智识谦逊造就了一种值得过的生活——以及一个值得居住的城邦。耶稣的门徒仰望他们的老师,寻找要追随他踏上的道路,学习培养内心的慈悲,为迎接未来的世界做好准备。这些伟大的教师们自身也从未停止过做学生。他们展现了康德所言的"永远走在启蒙的路上、从未抵达启蒙的终点"的含义。这类人激发了我们的好奇心、欣赏力和探究欲。这些永远是学生的人,追求的不是完成,而是一种带来喜悦和意义的、终点开放的实践。在人生的旅途中,他们是难得的良伴。

注 释

导 言

〔1〕 参见Sylvia Goodman, "Researchers Did a Deep Dive into Efforts to Restrict Critical Race Theory. Here's What They Found," *Chronicle of Higher Education*, August 3, 2022。他引用了这个数据库：https://crtforward.law.ucla.edu/。

第一章 典范教师，模范学生

〔1〕 Confucius, *The Analects: An Online Teaching Translation*, trans. Robert Eno (2015), 18:4 (p. 100), https://chinatxt.sitehost.iu.edu/Analects_of_Confucius_ (Eno-2015).pdf.

〔2〕 Ibid., 1:1 (p. 1).

〔3〕 见Klaus Mühlhand, *The Making of Modern China* (Cambridge, MA: Harvard University Press, 2019), xx。

〔4〕 见Stephen C. Angle, *Sagehood: The Contemporary Significance of Neo-Confucian Philosophy* (Oxford: Oxford University Press, 2009), 35。

〔5〕 见Amy Olberding, "The Consummation of Sorrow: An Analysis of Confucius' Grief for Yan Hui", in *Philosophy East and West* 54, no. 3 (2004)。"孔子的榜样多为文化英雄，因此文化的变迁可能催生对更能与新受众、新环境共鸣的榜样。"（p. 282）

〔6〕 Confucius, *Analects*, 5:4 (p. 18). 关于君子不器之说的章节是2：12（p. 6）。

〔7〕 Ibid., 1:15 (p. 4).

〔8〕 Ibid., 5:12 (p. 20).

〔9〕 Amy Olberding, *Moral Exemplars in the Analects: The Good Person Is That* (New York: Routledge, 2002), 166.

〔10〕 Confucius, *Analects*, 7:11 (p. 31), 11:22 (p. 55), 5:7 (pp. 18-19).

〔11〕 Ibid., 17:8 (p. 96).

〔12〕 Ibid., 6:3 (p. 24), 11:4 (p. 52), 2:9 (p. 6). **最后一句的译文已做调整。**

〔13〕 Ibid., 11:10 (p. 53).

〔14〕 Ibid., 9:11 (p. 41). **译文做过调整。**

〔15〕 Annping Chin, *The Authentic Confucius: A Life of Thought and Politics* (New York: Scribner, 2007), 145, 150.

〔16〕 Xenophon, *Memorabilia*, book IV, chap. 7, p. 1. 该文献的便捷获取途径为 https://philocyclevl.files.wordpress.com/2016/09/xenophon-memorabilia-or-the-recollections-cornell.pdf。

〔17〕 Ibid., book III, chap. 19, p. 3.

〔18〕 Ibid., book III, chap. 11, p. 1.

〔19〕 Ibid., book III, chap. 11.

〔20〕 Ibid., book III, chap. 13.

〔21〕 Ibid.

〔22〕 Plato, *Apology*, in *The Complete Works*, ed. John M. Cooper (Indianapolis: Hackett, 1997), 20.

〔23〕 Ibid., 22, 30. **最后一句引文的翻译有改动。**

〔24〕 Plato, *Republic*, in *The Complete Works*, 982. **首段译文有改动。**

〔25〕 Alexander Nehamas, *The Art of Living: Socratic Reflections from Plato to Foucault* (Berkeley: University of California Press, 2000), 40.

〔26〕 Ibid., 44.

〔27〕 Plato, *Republic*, 1136.

〔28〕 当然，洞穴寓言是这部关于何为理想城邦、何为正义的作品的核心。那些从影子转向善，从感官领域转向理念领域的人会成为城邦的领导者。他们在做这件事时会有些不情愿，因为"一个未来的统治者最不愿意统治的城邦必然最远离内战"，ibid., 1137。

〔29〕 Plato, *Apology*, 21-22.

〔30〕 Ibid., 35.

〔31〕 Ibid., 28, 34-35.

第二章　儿童、学徒与学生：学会独立

〔1〕 Philippe Ariès, *Centuries of Childhood: A Social History of Family Life* (New York: Knopf, 1962). 他的观点得到了英国历史学家彼得·拉斯莱特（Peter Laslett）和后来的劳伦斯·斯通（Lawrence Stone）的认同。斯通认为，直到近代早期，家庭才逐渐从对年轻亲属的冷漠转变为充满感情的关怀。见 Lawrence Stone, *The Family, Sex and Marriage in England, 1500-1800* (Charlottesville: University of Virginia Press, 1977)。

〔2〕 Barbara A. Hanawalt, *"Of Good and Ill Repute": Gender and Social Control in Medieval England* (Oxford: Oxford University Press, 1998), ProQuest Ebook Central, http://ebookcentral.proquest.com/lib/wesleyan/detail.action?docID=4701349.

〔3〕 在中世纪乃至16世纪，约40%的儿童在十岁前夭折，这一估计难免有所疏漏，但大体不差。能够活过二十岁的孩子不足半数。见 Nicholas Orme, *Medieval Children* (New Haven, CT: Yale University Press, 2001), 113。

〔4〕 Nicholas Orme, "Children in Medieval England," in *Childhood in History: Perceptions of Children in the Ancient and Medieval Worlds* (London: Routledge, 2018), 328.

〔5〕 见 Daniel T. Kline, introduction to *Medieval Literature for Children* (London: Taylor and Frances, 2003)。

〔6〕 Hanawalt, "Of Good and Ill Repute," 160.

〔7〕 Shulamith Shahar, *Childhood in the Middle Ages* (New York: Routledge, 1990), 101.

〔8〕 例如，见 Hugh Cunningham, *Children and Childhood in Western Society since 1500* (New York: Pearson, Longman, 2005), 83-86。

〔9〕 Hanawalt, "Of Good and Ill Repute," 177.

〔10〕 不过在某些行业中，女性学徒是存在的。见 D. L. Simonton,

"Apprenticeship: Training and Gender in Eighteenth-Century England," in *Markets and Manufacture in Early Industrial Europe*, ed. Maxine Berg (London: Routledge, 1991), 227-58。

〔11〕Hanawalt, "Of Good and Ill Repute," 182.

〔12〕Ibid., 190.

〔13〕Keith Thomas, "Children in Early Modern England," in *Children and Their Books*, ed. G. Avery and J. Briggs (Oxford: Oxford University Press, 1989), 57, quoted in Cunningham, *Children and Childhood*, 98 对此有精辟的见解，他指出年轻人"对私有财产态度随意，热衷于恶作剧，并且喜欢那些在多数成年人看来嘈杂而肮脏的事物"。

〔14〕见 Rahikainen Marjatta, *Centuries of Child Labor: European Experiences from the Seventeenth Century to the Twentieth Century* (New York: Routledge, 2004), 5-6。

〔15〕Pamela H. Smith, *The Body of the Artisan: Art and Experience in the Scientific Revolution* (Chicago: University of Chicago Press, 2004), 7-8.

〔16〕见 Jacob F. Field, "Apprenticeship Migration to London from the North-east of England in the Seventeenth Century," in *London Journal* 35, no. 1 (2010): 1-21。

〔17〕Ibid., 14.

〔18〕见 Laura Gowing, *Ingenious Trade: Women and Work in Seventeenth-Century London* (London: Cambridge University Press, 2021)。关于先例及后续发展的讨论，可参见 Stephanie R. Hovland, "Girls as Apprentices in Later Medieval London," in *London and the Kingdom: Essays in Honour of Caroline M. Barron*, ed. Matthew Davies and Andrew Prescott (Donington, UK: Paul Watkins, 2008), 179-94; Marjorie Keniston McIntosh, *Working Women in English Society, 1300-1620* (Cambridge: Cambridge University Press, 2005); I. K. Ben-Amos and Ilana Krausman, "Women Apprentices in the Trade and Crafts of Early Modern Bristol," in *Continuity and Change* 6, no. 2 (August 1991): 227-52; Keith Snell, *Annals of the Labouring Poor: Social Change and Agrarian England, 1660-1900* (Cambridge: Cambridge University Press, 1987), chap. 6;

Joan Lane, *Apprenticeship in England, 1600-1914* (New York: Routledge, 1996); Deborah Simonton, "Apprenticeship: Training and Gender in Eighteenth-Century England," in Berg, *Markets and Manufacture in Early Industrial Europe*。关于欧洲的平行研究，参见 Danielle van der Heuvel, "Guilds, Gender Policies and Economic Opportunities for Women in Early Modern Dutch Towns," in *Female Agency in the Urban Economy: Gender in European Towns, 1640-1830*, ed. Anne Montenach and Deborah Simonton (New York: Routledge, 2013), 116-33。

〔19〕见 Jan deVries, *The Industrious Revolution: Consumer Behavior and the Household Economy, 1650 to the Present* (Cambridge: Cambridge University Press, 2008); Laura Gowing, "Girls on Forms: Apprenticing Young Women in Seventeenth-Century London," in *Journal of British Studies* 55, no. 3 (2016): 447-73, doi:10.1017/jbr.2016.54。

〔20〕Amy Louise Erickson, "Eleanor Mosley and Other Milliners in the City of London Companies, 1700-1750," in *History Workshop Journal* 71 (2001): 147-72.

〔21〕Ibid., 164.

〔22〕Jean-Jacques Rousseau, quoted in Alan Downing, "The Last Cabinotier of Saint Gervais: The Horological Curiosity in the Historic Centre of Geneva Watch-making," WatchesbySJX.com, November 9, 2020, https://watchesbysjx.com/2020/11/bruno-pesenti-geneva-watchmaker.html, from Daniel Palmieri and Irène Herrmann, *Faubourg Saint-Gervais, mythes retrouvés* (Geneva: Slatkine, 1995).

〔23〕Jean-Jacques Rousseau, *Confessions*, trans. Angela Scholar (Oxford: Oxford University Press, 2000), 31. 翻译有改动。

〔24〕Ibid., 30.

〔25〕Ibid., 42.

〔26〕富兰克林在此书第二章中详细描述了这一时期的生活，见 *Autobiography of Benjamin Franklin*, ed. Frank Woodworth Pine (New York: Henry Holt, 1916), chap. 2, https://www.gutenberg.org/files/20203/20203-h/20203-h.htm#I。亦见 Walter Isaacson, *Benjamin Franklin: An American Life* (New York:

Simon and Schuster, 2003), 5-35。

［27］见美国国会图书馆展览 *Franklin in His Own Words*，https://www.loc.gov/exhibits/franklin/franklin-printer.html。

［28］Orme, *Medieval Children*, 129ff.

［29］见"The Protestant Education in the 16th Century," Musée protestant, n.d., https://museeprotestant.org/en/notice/the-protestant-education-in-the-xvith-century/。

［30］Cunningham, *Children and Childhood*, 120-21.

［31］卫斯理的话为这名历史学家所引用：Allison P. Coudert, "Educating Girls in Early Modern Europe and America," in *Childhood in the Middle Ages and the Renaissance: The Results of a Paradigm Shift in the History of Mentality*, ed. Albrecht Classen (Berlin: Walter de Gruyter, 2005), 394，她进一步指出："福音派父母教育的全部重点在于摧毁孩子的意志。"（p. 394）

［32］Quoted in ibid., 395.

［33］见 Robert Axtel, *Wisdom's Workshop: The Rise of the Modern University* (Princeton, NJ: Princeton University Press, 2016), 7。

［34］Jacques Verger, *Les universités au Moyen Âge* (Paris: Presses Universitaires de France, 1973); Verger, "Patterns," in *A History of the University in Europe*, vol. 1: *Universities in the Middle Ages*, ed. Hilde De Ridder-Symoens (Cambridge: Cambridge University Press, 1992), 35-67. 亦见 Axtel, *Wisdom's Workshop*, chaps. 1 and 2。

［35］Henry Louis Gates Jr., "Writing 'Race' and the Difference It Makes," in *"Race," Writing, and Difference* (Chicago: University of Chicago Press, 1992). 亦见 Andrew S. Curran, *The Anatomy of Blackness: Science and Slavery in the Age of Enlightenment* (Baltimore, MD: Johns Hopkins University Press, 2011), 118。亦见最近 edited by Gates and Curran, *Who's Black and Why: A Hidden Chapter in the 18th Century Invention of Race* (Cambridge, MA: Harvard University Press, 2022) 的导读。关于休谟的内容在 p. 41。

［36］见 *Slaves and Free Persons of Color: An Act, Documenting the American South*, https://docsouth.unc.edu/nc/slavesfree/slavesfree.html#:~:text=If%20

any%20slave%20shall%20teach,his%20or%20her%20bare%20back。

〔37〕 *The Poems of Phillis Wheatley*, rev. ed., ed. Julian D. Mason (Chapel Hill: University of North Carolina Press, 1989), 52, 171. 亦见 The Poetry Foundation, https://www.poetryfoundation.org/poets/phillis-wheatley#tab-poems。

〔38〕 见 Wheatley to Occum (1774), The Poetry Foundation, https://www.poetryfoundation.org/poets/phillis-wheatley#tab-poems。获得自由几年后，惠特利与一名叫约翰·彼得斯（John Peters）的自由黑人结婚。当时北美政治动荡、经济混乱，彼得斯一家生活艰难。在贫困和疾病的不断侵扰下，菲莉斯坚持写作，去世时年仅三十一岁。

〔39〕 Quoted by David W. Blight, *Frederick Douglass: Prophet of Freedom* (New York: Simon and Schuster, 2018), 39.

〔40〕 见 Heather Andrea Williams, *Self-Taught: African American Education in Slavery and Freedom* (Chapel Hill: University of North Carolina Press, 2005), 20。

〔41〕 Kabria Baumgartner, "*Incidents in the Life of a Slave Girl*, Education and Abolition," in *Ethnic Studies Review* 32, no. 2 (2009): 57.

〔42〕 见 Jarvis R. Givens, *Fugitive Pedagogy: Carter G. Woodson and the Art of Black Teaching* (Cambridge, MA: Harvard University Press, 2021)。他将黑人教育视为对奴隶制和白人至上主义的反抗，他称此为"逃亡"（fugitive）传统。

〔43〕 Frederick Douglass, "What to the Slave, Is the Fourth of July" (1852), National Museum of African American History & Culture, https://nmaahc.si.edu/explore/stories/nations-story-what-slave-fourth-july.

第三章 现代学生的出现

〔1〕 Kant, "What Is Enlightenment?" (1784)，见 https://resources.saylor.org/wwwresources/archived/site/wp-content/uploads/2011/02/What-is-Enlightenment.pdf, immaturity 和 tutelage 是对康德 Unmündigkeit 一词的翻译。

〔2〕 Ibid.

〔3〕 *Kant in the Classroom*, https://users.manchester.edu/facstaff/ssnaragon/

kant/Home/index.htm. 亦见 Ernst Cassirer, *Kant's Life and Thought*, trans. James Haden (New Haven, CT: Yale University Press, 1981), 15。

〔4〕 Charles Rollin, *The Method of Teaching and Studying the Belles Lettres*, vol. 4 (London, A. Betteworth and C. Hitch, 1734), 203, https://books.google.com/books?id=ttpCAQAAMAAJ&pg=PA203&lpg=PA203&dq=rollin,+%.

〔5〕 Charles Salas, "The Punic Wars in France and Britain" (PhD diss., Claremont Graduate School, 1996). Rollin quotations from "Dicours sur l'instruction gratuite," cited in Albert Charles Gaudin, *The Educational Views of Charles Rollin* (New York: Columbia University Press, 1939), 15-18.

〔6〕 Rollin, *Ancient History*, 2:337, quoted by Mark W. Graham, "Charles Rollins and Universal History in America," in *Journal of Modern History* 17, no. 2 (2018): 343.

〔7〕 参阅存于密歇根大学的《百科全书》英文版：https://quod.lib.umich.edu/d/did/。

〔8〕 见 Andrew Curran, *Diderot: The Art of Thinking Freely* (New York: Other Press, 2018)。

〔9〕 法格特对研究条目的论述收录于 Robert Morrissey and Glenn Roe, eds., *Research and Archival Materials, University of Chicago: ARTFL Encyclopédie Project* (Autumn 2022), https://artflsrv03.uchicago.edu/philologic4/encyclopedie1117/navigate/6/324/。

〔10〕 Denis Diderot, "Learn," in *The Encyclopedia of Diderot & d'Alembert Collaborative Translation Project*, trans. Malcolm Eden (Ann Arbor: Michigan Publishing, University of Michigan Library, 2010), http://hdl.handle.net/2027/spo.did2222.0001.212. 首次出版为 "Apprendre," in *Encyclopédie ou dictionnaire raisonné des sciences, des arts et des métiers* (Paris, 1751), 1:555。

〔11〕 Jean-Baptiste le Rond d'Alembert, "School, Philosophy of the," in *The Encyclopedia of Diderot & d'Alembert Collaborative Translation Project*, trans. Jennifer Popiel (Ann Arbor: Michigan Publishing, University of Michigan Library, 2003), http://hdl.handle.net/2027/spo.did2222.0000.025. 首次出版为

"Ecole, philosophie de l'," in *Encyclopédie ou dictionnaire raisonné des sciences, des arts et des métiers* (Paris, 1755), 5:303-4。

〔12〕Diderot, "Learn."

〔13〕Jean-Jacques Rousseau, *Emile; or, On Education* (New York: Basic Books, 1979), 34.

〔14〕Ibid., 376.

〔15〕Mary Wollstonecraft, *A Vindication of the Rights of Men and a Vindication of the Rights of Woman* (Cambridge: Cambridge University Press, 1995), 90.

〔16〕Ibid., 251, quoted in Sylvana Tomaselli, *Mary Wollstonecraft: Philosophy, Passion and Politics* (Princeton, NJ: Princeton University Press, 2021), 79. 亦见沃斯通克拉夫特出版于1787年的 *Notes on the Education of Daughters* (Cambridge: Cambridge University Press, 2014), 85。

〔17〕M. Reuter, "'Like a Fanciful Kind of Half Being': Mary Wollstonecraft's Criticism of Jean-Jacques Rousseau," in *Hypatia* 29, no. 4 (2014): 925-41. 亦见 Sandrine Bergès, *The Routledge Guidebook to Wollstonecraft's "A Vindication of the Rights of Woman"* (London: Routledge, 2013)。

〔18〕Tomaselli, *Mary Wollstonecraft*, 179.

〔19〕虽然该文本的摘要在教育改革者间流传了数十年，但直到1896年才得以正式出版。关于洪堡的改革举措与弗里德里希·施莱尔马赫的举措之间的联系，见 Paul Reitter and Chad Wellmon, *Permanent Crisis: The Humanities in a Disenchanted Age* (Chicago: University of Chicago Press, 2021), 58-60。

〔20〕Louis Menand, Paul Reitter, and Chad Wellmon, eds., *The Rise of the Research University: A Sourcebook* (Chicago, University of Chicago Press, 2017), 105.

〔21〕见 Andrea Wulf, *The Invention of Nature: Alexander von Humboldt's New World* (New York: Vintage, 2015)。

〔22〕Wilhelm von Humboldt, "On the Internal and External Organization of the Higher Scientific Institutions in Berlin" (1809), German History in

Documents and Images, https://ghdi.ghi-dc.org/sub_document.cfm?document_id=3642.

〔23〕Ibid.

〔24〕Humboldt, quoted by Malte Brinkman, "Humboldt's Theory of Bildung as Embodied Bildung: An Attempt," in Research Gate, October 2019, https://www.researchgate.net/profile/MalteBrinkmann/publication/336638107_Humboldts_Theory_of_Bildung_as_Embodied_Bildung_an_Attempt/links/5da91650a6fdccc99d911d75/Humboldt-s-Theory-of-Bildung-as-Embodied-Bildung-an-At tempt.pdf.

〔25〕David Sorkin, "Wilhelm Von Humboldt: The Theory and Practice of Self-Formation (Bildung), 1791-1810," in *Journal of the History of Ideas* 44, no. 1 (1983): 63.

〔26〕Ibid., 69.

〔27〕George Ticknor, *Life, Letters and Journals* (Boston: James R. Osgood, 1876), 91.

〔28〕Ibid., 98.

〔29〕James Morgan Hart, *German Universities: A Narrative of Personal Experience, Together with Recent Statistical Information, Practical Suggestions, and a Comparison of the German, English and American Systems of Higher Education* (New York: Putnam, 1874), v.

〔30〕哈特强调，即便是德国的小型省级学校，其水平也几乎超过美国任何一所高中。见 ibid., 277-78。

〔31〕来自哈特的关于决斗的引文，ibid., 79, 73, 67。

〔32〕Ibid., 289, 287, 288.

〔33〕Humboldt, in Menand, Reitter, and Wellmon, *The Rise of the Research University*, 112.

〔34〕Hart, German Universities, 291, 274.

〔35〕Ibid., 290, 295.

〔36〕Thomas Jefferson to Thaddeus Koscisko, quoted in Lorraine Smith Pangle and Thomas L. Pangle, *The Learning of Liberty: The Educational Ideas of* the American Founders (Lawrence: University of Kansas Press), 108.

〔37〕Thomas Jefferson, Rockfish Report, in *Crusade against Ignorance: Thomas Jefferson on Education*, ed. Gordon Lee (New York: Teachers College Press, 1961), 119.

〔38〕Ralph Waldo Emerson, "The School," in *The Early Lectures of Ralph Waldo Emerson* (Cambridge, MA: Harvard University Press, 1959), 48. Also at *American Transcendentalism Web*, https://archive.vcu.edu/english/engweb/transcendental ism/authors/emerson/essays/education.html.

〔39〕Ralph Waldo Emerson, "The American Scholar," in *Selected Writings of Emerson*, ed. Donald McQuade (New York: Modern Library, 1981), 51.

〔40〕Ralph Waldo Emerson, "Celebration of Intellect," in *The Complete Works of Ralph Waldo Emerson*, vol. 12: *Natural History of the Intellect and Other Papers* (New York: Houghton Mifflin, 1904), https://quod.lib.umich.edu/e/emerson/4957107.0012.001/132:7?page=root;size=100;view=image.

〔41〕Emerson, "An Address," in *The Early Lectures*, 199.

〔42〕Emerson, "The Divinity School Address," in *Selected Writings*, 112, 110. 关于爱默生的批判性思考，可参阅 Stanley Cavell, *Conditions Handsome and Unhandsome: The Constitution of Emersonian Perfectionism* (Chicago: University of Chicago Press, 1990), chap. 1。

〔43〕Emerson, "The American Scholar," 56.

〔44〕见 Robert D. Richardson, *Emerson: The Mind on Fire* (Berkeley: University of California Press, 1995), 265。

〔45〕Emerson, "The American Scholar," 49.

〔46〕Emerson, "Circles," in *Selected Writings*, 272.

第四章　大学里的学生：成长多艰

〔1〕Derrick P. Alridge and Dorothy Strickland, *The Educational Thought of W. E. B. Du Bois: An Intellectual History* (New York: Teachers College Press, 2008), ProQuest Ebook Central, http://ebookcentral.proquest.com/lib/wesleyan/detail.action?docID=5405739.

〔2〕 David Levering Lewis, *W. E. B. Du Bois: Biography of a Race, 1868-1919* (New York: Henry Holt, 1993), 60.

〔3〕 Ibid., 61.

〔4〕 *Fisk Herald* 5, no. 10 (June 1888), https://hbcudigitallibrary.auctr.edu/digital/collection/FUPP/id/1328/rec/4.

〔5〕 Lewis, *Du Bois: Biography of a Race*, 92; W. E. B. Du Bois, *The Autobiography of W. E. B. Du Bois* (New York: International, 1968), 129-34.

〔6〕 见Lewis, *Du Bois*, 92; W. E. B. Du Bois, "A Negro Student at Harvard at the End of the 19th Century," in *Massachusetts Review* 1, no. 3 (Spring 1960), https://www.massreview.org/sites/default/files/Du%20Bois%2C%20WEB.pdf。

〔7〕 David Leight, "Letters to a Former President," in Humanities, July 2019, https://www.neh.gov/article/letters-former-president.

〔8〕 David Levering Lewis, *W. E. B. Du Bois: A Biography, 1868-1963* (New York: Henry Holt, 2009), 92-95; Anthony Appiah, *Lines of Descent: W. E. B. Du Bois and the Emergence of Identity* (Cambridge, MA: Harvard University Press, 2014), 11-12.

〔9〕 Kenneth Barkin, "W. E. B. Du Bois' Love Affair with Imperial Germany," in *German Studies Review* 28, no. 2 (May 2005): 285-302. 作者的观点是，杜波依斯在德国受到接纳，很大程度上归功于他的着装风格："在19世纪90年代的德国，外表胜过了种族身份。"（p. 297）阿皮亚（Appiah）也提到，杜波依斯是个"有点讲究穿着的人"（*Lines of Descent*, 12）。

〔10〕 Lewis, *Du Bois: A Biography*, 1868-1963, 129.

〔11〕 Barkin, "W. E. B. Du Bois' Love Affair," 297.

〔12〕 Michelle Rief, "Rural Black Woman as Deliverer: Margaret Murray Washington, Her Vision and Life's Work," in *Alexander Street* (2015), 2. 亦见Laurie Wilkie, *An Archaeology of Mothering: An African American Midwife's Tale* (New York: Routledge, 2003), 182-83。

〔13〕 "The Tuskegee Woman's Club, written by Margaret Murray Washington, 1865-1925," in *Southern Workman*, 49, no. 8 (August 1920): 365-

69, cited by Rief, "Rural Black Woman," 7.

［14］ Louise W. Knight, *Jane Addams: Spirit in Action* (New York: Norton, 2010), 76.

［15］ Ibid., 85-88.

［16］ 关于史密斯学院，参见 Helen Lefkowitz Horowitz, *Alma Mater: Design and Experience in the Women's Colleges from Their 19th Century Beginnings to the 1930s* (New York: Knopf, 1984)。

［17］ 霍洛维茨指出，史密斯学院的创办者们认为那种在瓦萨尔（Vassar）等女子学院中常见的强烈女性友谊是不自然的，并对此感到担忧。Ibid., 75.

［18］ Ibid., 80.

［19］ Robert J. Sprague, "Education and Race Suicide," in *Journal of Heredity* 6 (May 1915): 231-32, quoted in Horowitz, *Alma Mater*, 280.

［20］ Horowitz, *Alma Mater*, 289.

［21］ Ibid., 284. 亦见 Lynn Peril, *College Girl: Bluestockings, Sex Kittens and Co-eds Then and Now* (New York: Norton, 2006), chap. 2。

［22］ 见 Steven J. Novak, *The Rights of Youth: American Colleges and Student Revolt, 1798-1815* (Cambridge, MA: Harvard University Press, 2013), chap. 2。

［23］ Frederick Rudolph, "Neglect of Students as a Historical Tradition," in *The College and the Student: An Assessment of Relationships and Responsibilities in Undergraduate Education by Administrators, Faculty Members, and Public Officials*, ed. Lawrence E. Dennis and Joseph F. Kauffman (Washington, DC: American Council on Education, 1966), 47.

［24］ 见 Gerald Graff, *Professing Literature: An Institutional History* (Chicago: University of Chicago Press, 2007), 25。

［25］ Michael Hevel, "A Historiography of College Students 30 Years After Helen Horowitz's *Campus Life*," in *Higher Education: Handbook of Theory and Research*, vol. 32, ed. Michael B. Paulsen (Springer, 2017), 431. 作者总结了 D. G. McGuigan, *A Dangerous Experiment: 100 Years of Women at the University* of Michigan (Ann Arbor, MI: Center for the Continuing Education of Women, 1970).

〔26〕Andrew Delbanco, *College: What It Was Is and Should Be* (Princeton, NJ: Princeton University Press, 2014), 54.

〔27〕Helen Lefkowitz Horowitz, *Campus Life: Undergraduate Cultures from the End of the 18th Century to the Present* (New York: Knopf, 1987), 14.

〔28〕Lyman Bagg, quoted in Graff, *Professing Literature*, 26.

〔29〕Graff, *Professing Literature*, 33.

〔30〕Daniel A. Clark, *Creating the College Man: American Mass Magazines and Middle-Class Manhood, 1890-1915* (Madison: University of Wisconsin Press, 2010).

〔31〕一些男性因被传统兄弟会拒之门外创办了自己的组织，其中不乏势力强大的。例如，见Gregory S. Parks and Stefan M. Bradley, eds., *Alpha Phi Alpha: A Legacy of Greatness* (Lexington: University Press of Kentucky, 2012)这一合集对Alpha Phi Alpha的描述。

〔32〕Hevel, "Historiography," 473.

〔33〕Clark, *Creating the College Man*.

〔34〕Horowitz, *Campus Life*, 202.

〔35〕见Daniel A. Clark, "The Two Joes Meet—Joe College, Joe Veteran: The GI Bill, College Education, and Postwar American Culture," in *History of Education Quarterly* 38, no. 2 (1998): 165-90。

〔36〕David Potts, *Wesleyan University, 1910-1970: Academic Ambition and Middle-Class America* (Middletown, CT: Wesleyan University Press, 2015), 64-67.

〔37〕Horowitz, *Campus Life*, 167.

〔38〕Babette Faehmel, *College Women in the Nuclear Age: Cultural Literacy and Female Identity, 1940-1960* (New Brunswick, NJ: Rutgers University Press, 2012), 180.

〔39〕Deborah Elizabeth Whaley, *Disciplining Women: Alpha Kappa Alpha, Black Counterpublics, and the Cultural Politics of Black Sororities* (New York:

State University of New York Press, 2010), 3-5. 亦见 Walter M. Kimbrough, *Black Greek 101: The Culture, Customs, and Challenges of Black Fraternities and Sororities* (Madison, WI: Farleigh Dickinson University Press, 2000); Paula Giddings, *In Search of Sisterhood: Delta Sigma Theta and the Challenge of the Black Sorority Movement* (New York: William Morrow, 1988); Marjorie Parker, *Alpha Kappa Alpha through the Years, 1908-1988* (Chicago: Mobium, 1990)。

〔40〕见 Robert Cohen and Reginald E. Zelnik, eds., *The Free Speech Movement: Reflections on Berkeley in the 1960s* (Berkeley: University of California Press, 2002), 119。亦见 Irwin Unger and Debbi Unger, eds., *The Times They Were A'Changin: A Sixties Reader* (New York: Three Rivers, 1998)。

〔41〕Mario Savio, quoted in Robert S. Cohen, *Freedom's Orator: Mario Savio and the Radical Legacy of the 1960s* (Oxford: Oxford University Press, 2009), 192.

〔42〕见 Richard Flacks and Nelson Lichtenstein, *The Port Huron Statement: Sources and Legacies of the New Left's Founding Manifesto* (Philadelphia: University of Pennsylvania Press, 2015)。

〔43〕Horowtiz, *Campus Life*, 232.

〔44〕Martha Biondi, *The Black Revolution on Campus* (Berkeley: University of California Press, 2012). 中西部的一个例子,见 Joy Ann Williamson, *Black Power on Campus: The University of Illinois, 1965-1975* (Urbana: University of Illinois Press, 2003)。

〔45〕这些是最著名的学生遇害事件,但除此之外还有其他案例,比如1968年南卡罗来纳州立大学和北卡罗来纳州立农业理工大学因校园执法行动而发生的学生死亡事件。见 I. H. Rogers, *The Black Campus Movement: Black Students and the Racial Reconstitution of Higher Education, 1965-1972* (New York: Palgrave Macmillan, 2012)。

第五章 借他人之智,成己独立之思

〔1〕Helen Lefkowitz Horowitz, *Campus Life: Undergraduate Cultures from the End of the 18th Century to the Present* (New York: Knopf, 1987), chap. 11.

〔2〕 数字增长至约半数高中毕业生升入大学的程度,其中女性的增长幅度更显著。见 National Center for Education Statistics, https://nces.ed.gov/programs/digest/d07/tables/dt07_191.asp。

〔3〕 关于训练与纠缠,可参见 Kari Weil, *Thinking Animals: Why Animal Studies Now?* (New York: Columbia University Press, 2012), 58-59, 147-49。

〔4〕 Horace Mann, "Mr. Mann's Seventh Annual Report: Education in Europe," in *Common School Journal* 6 (1844): 72.

〔5〕 Mark Seidenberg, *Language at the Speed of Sight: How We Read, Why So Many Can't and What We Can Do about It* (New York: Basic Books, 2018), 90, 113.

〔6〕 见 John McWhorter, "We Know How to Teach Kids to Read," in *New York Times*, September 3, 2021; Mark Seidenberg, *Language at the Speed of Sight*。

〔7〕 Elizabeth Green, "Building a Better Teacher," in *New York Times Magazine*, March 7, 2010, https://www.nytimes.com/2010/03/07/magazine/07Teacherst.html. 亦见她的 *Building a Better Teacher: How Teaching Works (and How to Teach It to Everyone)* (New York: Norton, 2014), 8-11, 94-97。

〔8〕 José Antonio Bowen, *Thinking Change: How to Develop Independent Thinkers Using Relationships, Resilience and Reflection* (Baltimore, MD: Johns Hopkins University Press, 2021).

〔9〕 Horowitz, *Campus Life*, 250.

〔10〕 Allan Bloom, *The Closing of the American Mind: How Higher Education Has Failed Democracy and Impoverished the Souls of Today's Students* (New York: Simon and Schuster, 1987), 51.

〔11〕 见 Martha Nussbaum, "Undemocratic Vistas," in *New York Review of Books*, November 5, 1987。

〔12〕 Allan Bloom, "Our Listless Universities," in *National Review*, December 10, 1982, reposted at https://www.nationalreview.com/2006/09/our-listless-univer sities-williumrex/. 亦见 Bloom, *The Closing of the American Mind*。

〔13〕Menand is quoted in Andrew Ferguson, "The Book That Drove Them Crazy," in *Weekly Standard*, April 9, 2012. 此文后来被改编为《封闭》(*Closing*) 二十五周年纪念版的后记，可在 https://www.washingtonexaminer.com/weekly-standard/the-book-that-drove-them-crazy 找到原文。

〔14〕Roger Kimball, *The Long March: How the Cultural Revolution of the 1960s Changed America* (New York: Encounter Books, 2001), 5.

〔15〕Roger Kimball, "Tenured Radicals: A Postscript," New Criterion, January 1991, https://newcriterion.com/issues/1991/1/aoetenured-radicalsa-a-postscript.

〔16〕这是她 *Campus Life* 一书的核心主题之一。尤其见 chap. 11, "The Nerds Take Revenge"。

〔17〕Kimball, "Tenured Radicals."

〔18〕大学和文理学院指定或要求学生阅读的核心内容非常稳定。虽然有少量新书加入了必读书单，但索福克勒斯、柏拉图和亚里士多德还是最常被列出的。马丁·路德·金的《伯明翰监狱来信》确实出现在了全国的许多书单上。在哥伦比亚大学的"核心课程"中，学生从柏拉图和亚里士多德开始，到当代文本结束（最后几周）。在为期三十九周的课程中，女性作者寥寥无几。

〔19〕William Deresiewicz, "Don't Send Your Kids to the Ivy League," in *New Republic*, July 21, 2014; and Deresiewicz, *Excellent Sheep: The Miseducation of the American Elite and the Way to a Meaningful Life* (New York: Free Press, 2015). 关于布鲁姆和德雷西维茨，参见 Chad Wellmon and Paul Reitter, "Melancholy Mandarins: Bloom, Weber and Moral Education," in *Hedgehog Review* 19, no. 3 (Fall 2018), https://chadwellmon.com/2018/02/24/melancholy-mandarins-bloom-weber-and-moral-education。在后续关于政治正确的讨论中，德雷西维茨与布鲁姆的观点更加一致，他写道："我们不是在培养成年人，而是在培养非常优秀的绵羊。" *Common Sense*, May 2022, https://www.commonsense.news/p/we-arent-raising-adults-we-are-breeding?s=r.

〔20〕亚利桑那州立大学的校长迈克尔·克罗（Michael Crow）是高等教育领域中最积极呼吁人们关注这一现象的人，他还提出了相应的替代

方案。见其(with William B. Dabars) *Designing the New American University* (Baltimore, MD: Johns Hopkins University Press, 2015)。

〔21〕Anthony Abraham Jack, *The Privileged Poor: How Elite Colleges Are Failing Disadvantaged Students* (Cambridge, MA: Harvard University Press, 2019), 23.

〔22〕见Tina Wildhagen, "'Not Your Typical Student': The Social Construction of the 'First-Generation' College Student," in *Qualitative Sociology* 38 (2015): 285-303; Rachel Gable, *The Hidden Curriculum: First Generation Students at Legacy Universities* (Princeton, NJ: Princeton University Press, 2021)。

〔23〕Higher Education Act, *U.S. Department of Education*, https://www2.ed.gov/about/offices/list/ope/trio/triohea.pdf. 亦见Rochelle Sharpe, "Are You First Gen? Depends on Who's Asking," in *New York Times*, November 3, 2017, https://www.nytimes.com/2017/11/03/education/edlife/first-generation-college-admissions.html?_r=0。

〔24〕Robert K. Toutkoushian, Robert A. Stollberg, and Kelly A. Slaton, "Talking 'bout My Generation: Defining 'First-Generation College Students' in Higher Education Research," in *Teachers College Record* 120, no. 4 (2018): 1-38, https:// www.tcrecord.org,ID Number: 22042. 这篇论文在会议上的阐述有言:"**之所以关注第一代大学生,是因为我们相信这些学生平均而言会遇到特别的困难,这些困难限制了他们的教育获得**。" https://www.insidehighered.com/sites/default/server_files/files/Talking%20Bout%20My%20Generation%20Fall%202015%20ASHE.pdf.

〔25〕参阅拉吉·切蒂(Ray Chetty)的社会流动性记分卡,可在Opportunity Insights, https://opportunityinsights.org/education/查询。

〔26〕Michael Sandel, *The Tyranny of Merit: What's Become of the Common Good?* (New York: Farrar, Straus and Giroux, 2020), 177.

〔27〕Ibid., 60.

〔28〕Richard Reeves, *Dream Hoarders: How the American Upper Middle Class Is Leaving Everyone Else in the Dust, Why That Is a Problem, and What to*

Do about It (Washington, DC: Brookings Institute Press, 2017), 11, 100.

〔29〕Terry Heick, "The Difference between Learners and Students," Edutopia, 2013, https://www.edutopia.org/blog/difference-between-learners-and-students-terry-heick.

〔30〕Saga Briggs, "The Difference between Skilled Learners and Good Students," at informED, April 19, 2015, https://www.opencolleges.edu.au/informed/features/the-difference-between-skilled-learners-and-good-students/.

〔31〕Patricia A. Alexander, "A+ Students/C – Learners: Education's Report Card," Psychology Today, February 24, 2015, https://www.psychologytoday.com/us/blog/psyched/201502/studentsc-learners-education-s-report-card.

〔32〕Kathleen McClaskey, "Learner vs Student: Who Do You Want in Your Classroom?" Make Learning Personal, September 30, 2018, https://kathleenmcclaskey.com/2018/09/30/learner-vs-student/.

〔33〕见"Active Learning Increases Student Performance in Science, Engineering, and Mathematics," PNAS, June 10, 2014, 8410-15。亦见Cathy N. Davidson and Christina Katopodis, *The New College Classroom* (Cambridge, MA: Harvard University Press, 2022), 29-38。

〔34〕Beth McMurite, "Why the Science of Teaching Is Often Ignored," Chronicle of Higher Education, January 2022, https://www.chronicle.com/article/why-the-science-of-teaching-is-often-ignored.

〔35〕Cathy Davidson, *The New Education: How to Revolutionize the University to Prepare for a World in Flux* (New York: Basic Books, 2017), 130描述了卡敦的工作。亦见Tressie McMillan Cottom, *Lower Ed: The Troubling Rise of For-Profit Colleges in the New Economy* (New York: New Press, 2017)。

〔36〕Anthony Kronman, *The Assault on American Excellence* (New York: Free Press, 2019).

〔37〕Roosevelt Montás, *Rescuing Socrates: How the Great Books Changed My Life and What They Can Do for a New Generation* (Princeton, NJ: Princeton University Press, 2021), 3, 12, 217. 亦见Gayle Greene, *Immeasurable Outcomes: Teaching Shakespeare in the Age of the Algorithm* (Baltimore, MD: Johns

Hopkins University Press, 2023)。

〔38〕John Dewey, *Democracy and Education: An Introduction to the Philosophy of Education* (New York: Free Press, 1916). 关于弗莱雷，参见 *Pedagogy of the Oppressed* (New York: Bloomsbury, 2014)。关于泰戈尔，参见 Amiya Chakravarty, ed., *A Tagore Reader* (Boston: Beacon, 1961)。例如，见 Martha C. Nussbaum, "Education and Democratic Citizenship: Capabilities and Quality Education," in *Journal of Human Development* 7, no. 3 (2006): 385-95, doi:10.1080/14649880600815974。亦见她的 *Not for Profit: Why Democracy Needs the Humanities* (Princeton, NJ: Princeton University Press, 2010), especially chap. 4。

〔39〕见 Foundation for Critical Thinking 网站：https://www.critical thinking.org/。

〔40〕我借用了 Rolf Reber, *Critical Feeling: How to Use Feelings Strategically* (Cambridge: Cambridge University Press, 2016) 中提出的"批判性情感"概念。在下文中，我参考了本人先前发表的文章"A Focus on Critical Feeling," Inside Higher Ed, March 18, 2021, https://www.insidehighered.com/views/2021/03/18/colleges-should-teach-critical-feeling-well-critical-thinking-opinion。

〔41〕Mark Edmundson, "Teach What You Love," American Scholar, Autumn 2020, https://theamericanscholar.org/teach-what-you-love/.

〔42〕见 Paula Marantz Cohen, *Of Human Kindness: What Shakespeare Teaches Us about Empathy* (New Haven, CT: Yale University Press, 2021); Eddie S. Glaude Jr., *Begin Again: James Baldwin's America and Its Urgent Lessons for Our Own* (New York: Random House, 2020)。

〔43〕见 Rita Felski, *The Limits of Critique* (Chicago: University of Chicago Press, 2015); Felski, *Critique and Post-Critique*, ed. Elizabeth S. Anker and Rita Felski (Durham, NC: Duke University Press, 2017); 以及 Eboo Patel, *We Need to Build: Field Notes for Diverse Democracy* (Boston: Beacon, 2022)。

〔44〕见 Friedrich Nietzsche, *Schopenhauer as Educator (1876)*, in *Untimely Meditations*, ed. Daniel Breazeale (Cambridge: Cambridge University Press, 1997); 及其1872年的讲演集汇编 *Anti-Education: On the Future of*

Our Educational Institutions (New York: NYRB, 2015), ed. Paul Reitter and Chad Wellmon.。关于约翰·巴尔代萨里的教学法，参见Jacquelyn Ardam, "On Not Teaching Art: Baldessari, Pedagogy and Conceptualism," in *ASAP* 3, no. 1 (2018): 143-71；和Deborah Solomon, "John Baldessari: An Artist in a Class by Himself," in *New York Times*, January 7, 2020, https://www.nytimes.com/2020/01/07/arts/design/john-baldessari-art.html。

〔45〕William James, "On a Certain Blindness in Human Beings," in *The Writings of William James: A Comprehensive Edition*, ed. John J. McDermott (Chicago: University of Chicago Press, 1977), 634.

〔46〕我在*Beyond the University: Why Liberal Education Matters* (New Haven, CT: Yale University Press, 2014)一书中详细阐述了实用主义通识教育的历史背景。

〔47〕Martha C. Nussbaum, *Frontiers of Justice: Disability, Nationality, Species Membership* (Cambridge, MA: Harvard University Press, 2006).

〔48〕Frank Bruni, *Where You Go Is Not Who You'll Be: An Antidote to the College Admissions Mania* (New York: Grand Central, 2015), 113. 亦见Jeffrey Selingo, *Who Gets In and Why: A Year Inside College Admissions* (New York: Scribner, 2020)。

索引

（索引数字为原书页码，即本书边码）

Abelard, Peter 彼得·阿伯拉尔 68

academic freedom 学术自由 94-95, 97, 100-104, 106

accountability 责任感 102

active learning 主动学习 8, 165-170

Addams, Jane 简·亚当斯 118-120

admissions selectivity 录取筛选性 156-158

affirmative action 平权行动 157

African Americans 非裔美国人 参见 black students（黑人学生）

agency 主体 71, 142-143

Alcibiades 阿尔喀比亚德 32

Alpha Kappa Alpha (AKA) sorority 阿尔法·卡帕·阿尔法姐妹会 133-134

Amherst College 阿默斯特学院 120

The Analects 《论语》 16, 17, 18, 20

Anselm (Saint) 圣安塞姆 49-50

apprenticeships 学徒 9, 46-61； artisanal literacy and 工艺素养与~ 54； childhood and 童年与~ 47-48； contracts for ~的合同 51-52； failure of ~的失败 57-61； freedom and 自由与~ 56； hierarchies and 等级次序与~ 52-53, 61； independence and 独立与~ 46-51, 53, 55-56, 60-61； moral virtues and 道德与~ 49, 52, 61

Ariès, Philippe 菲利普·阿利埃斯 47, 182n1

Aristotle 亚里士多德 193n18

arithmetic 算术 70 亦见 mathematics（数学）

artificial intelligence 人工智能 8

artisanal literacy 工艺素养 54

ASAP (Accelerated Study in Associate

Programs) 副学士速成计划 168

Asian American students 亚裔美国学生 139

astronomy 天文学 63-64, 70

Athens, Greece 希腊雅典 24, 31, 32

Auld, Sophia 索菲娅·奥尔德 75

Austen, Jane 简·奥斯汀 172

autonomy 自主权 90-91, 122-123, 142-43

Baldessari, John 约翰·巴尔代萨里 173

Baldwin, James 詹姆斯·鲍德温 172

Barkin, Kenneth 巴尔金·肯尼思 189n9

Beatitudes 八福 41-42

Bildung 教化 95-96, 105

Bismarck, Otto von 奥托·冯·俾斯麦 110

Black Power movement 黑人权力运动 138

black students 黑人学生：career obstacles fo ~的职业生涯障碍 133; college and university experiences of ~的学院和大学经历 5-6; fraternities and 兄弟会与~ 127, 191n31;

political activism and 政治激进主义与~ 138-139; sororities and 姐妹会与~ 133-134

Bloom, Allan 阿兰·布鲁姆 148-151, 152, 153; *The Closing of the American Mind* 《美国精神的封闭》 150

Brown, Norman O. 诺曼·O. 布朗 132

Bye Bye Birdie (musical) 《欢乐今宵》(音乐剧) 2

Cage, John 约翰·凯奇 132

Calvin, John 约翰·加尔文 65

Catholics 天主教 65, 81, 86, 127

childhood 童年 47-48, 87-88

Cicero: *Cato Major* 西塞罗：《论老年》 61

City University of New York 纽约市立大学 131, 168

civil disobedience 公民不服从 135

civil rights movement 民权运动 134-135, 138

Clockmakers Company 钟表匠公司 56

co-educational colleges and universities 男女同校的学院和大学 125

cohort building 群体建设 167-168

索引 191

collaboration 合作 126, 167, 169

Columbia University 哥伦比亚大学 169, 193n18

common good 公共利益 83

community colleges 社区大学 175

Confucius 孔子 2-3, 9, 13-23, 44, 178

corporatization 企业化 131-132

Cottom, Tressie McMillan 崔西·麦克米兰·卡敦 167

Coudert, Allison P. 艾莉森·P.库德特 185n31

COVID-19 pandemic 新冠疫情 10

critical feeling 批判性情感 171-173, 195n40

critical race theory 批判种族理论 7

Crow, Michael 迈克尔·克罗 193n20

d'Alembert, Jean le Rond 让·勒朗·达朗贝尔 84, 85-86

Dao (path) 道 18

Davidson, Cathy 凯茜·戴维森 168

Davis, Jefferson 杰斐逊·戴维斯 112

de (virtue) 德 17 亦见 virtues（美德）

Delbanco, Andrew 安德鲁·德尔班科 125

Deresiewicz, William 威廉·德雷谢维奇 154-155

Descartes, René 勒内·笛卡尔 86

desegregation 废除种族隔离 138

Dewey, John 约翰·杜威 144, 170

Diderot, Denis 丹尼斯·狄德罗 84, 86

discipleship 门徒 3, 9, 22, 38-44, 137, 159, 179

Douglass, Frederick 弗雷德里克·道格拉斯 75, 76-77

Du Bois, W. E. B. W. E. B. 杜波依斯 5, 108-116, 189n9

Ducommun, M. M. 杜科蒙 57-58

dueling 决斗 99

Edmundson, Mark 马克·埃德蒙森 172

elite schools 精英学校 6, 122, 156-158 亦见 specific colleges and universities（特定大学和学院）

Emerson, Ralph Waldo 拉尔夫·沃尔多·爱默生 5, 104-107, 176

Encyclopédie (Diderot and d'Alembert) 《百科全书》（狄德罗和达朗贝尔）84-85

Enlightenment 启蒙 4, 78-103：academic freedom and 学术自由与~ 94-95, 97, 100-104；freedom and 自由与~ 2, 79-80；Kant's definition of 康德对~的定义 4, 86, 92, 95, 149；as process 作为一个过程的~ 92, 169-170, 179；racism and 种族主义与~ 72；science and 科学与~ 79, 80, 94-95；universities and 大学与~ 92-107

Erickson, Amy Louis 艾米·路易斯·埃里克森 56

eugenics movement 优生运动 121

eupraxia (well-being) 幸福 26

Eusebia 虔敬 32-33, 36

Euthyphro 《游叙弗伦》 33-34

fables 寓言 49

Faiguet de Villeneuve, Joachim 乔阿希姆·法格特·德·维尔纳夫 84-85

Fanon, Frantz 弗朗茨·法农 152

Ferguson, Andrew: "The Book That Drove Them Crazy" 安德鲁·弗格森：《那本让他们疯狂的书》 192n13

FGLI (first-generation low-income) students 第一代低收入大学生 160-161

financial aid 经济援助 129, 157, 161

first-generation students 第一代大学生 160-161, 194n24

Fisk University 菲斯克大学 109, 110-111, 116

France 法国：centralized curriculum in ~的统一课程 95；liberal arts education in ~的博雅教育 70；slavery abolished in ~废奴 72；universities in ~大学 81, 93, 95

Franklin, Benjamin 本杰明·富兰克林 57, 59-61, 184n26

Franklin, James 詹姆斯·富兰克林 59-60

fraternities 兄弟会 127-128, 130-133, 191n31

freedom 自由：academic 学术~ 94-95, 97, 100-104, 106；active learning and 主动学习与~ 8；apprenticeships and 学徒制与~ 56, 174-175；autonomy and 自治与~ 91, 122-123；Enlightenment and 启蒙与~ 2, 79-80；independence as 作为~的独立 4, 6；learning 学习~ 159-162, 169-170；

索 引 193

literacy and 识字与~ 145；political activism and 政治激进主义与~ 136-138；as rejection of conformity 作为对舒适的拒绝的~ 5, 6；slavery and 奴隶与~ 71-77 亦见 independence（独立）

Free Speech Movement 自由言论运动 135

Freire, Paulo 保罗·弗莱雷 170

Friedan, Betty: *The Feminine Mystique* 贝蒂·弗里丹：《女性的奥秘》 132

Fuller, Buckminster 巴克敏斯特·富勒 132

gamification 游戏化 167

Gates, Henry Louis 亨利·路易斯·盖茨 72

geometry 几何学 70

Germany 德国：academic freedom in ~的学术自由 94-95, 97, 100-101；Du Bois in 杜波依斯在~ 111, 114-115, 189n9；Enlightenment in ~启蒙 93, 95；university culture in ~大学文化 92-97

Givens, Jarvis R. 贾维斯·R.吉文斯 186n42

grammar 语法 70

Greek life organizations 希腊社团 见 fraternities; sororities（兄弟会；姐妹会）

Green, Elizabeth 伊丽莎白·格林 146

habit 习惯 81

Hall, G. Stanley G.斯坦利·霍尔 144

Hanawalt, Barbara 芭芭拉·哈纳瓦尔特 48, 50, 53

harmony 和谐 15, 17

Hart, James Morgan 詹姆斯·摩根·哈特 98-103, 104, 108, 188n30

Harvard University 哈佛大学 111-112, 115, 161

Hayes, Rutherford B. 拉瑟福德·B.海斯 113-114

hazing 欺凌 69-70, 127

Hevel, Michael 迈克尔·赫维尔 125, 128

hierarchies 等级次序：apprenticeships and 学徒制与~ 45, 52-53, 61；childhood learning of 儿童对~的学习 45, 51；fraternities and 兄弟会与~ 127-128；meritocracy and 优绩主义与~ 155-156；political movements and 政治

运动与~ 136-137；slavery and 奴隶制与~ 72

Higher Education Act of 1965 1965年的《高等教育法案》 160-164

historical continuity 传承 15

historically black colleges and universities (HBCUs) 黑人大学 110

Horowitz, Helen 海伦·霍洛维茨 122, 148, 152, 190n17

Howard University 霍华德大学 133

Howe, Irving 欧文·豪 131

humanism 人文主义 67, 95

Humboldt, Wilhelm von 威廉·冯·洪堡 92-97, 105, 187n19："On the Internal and External Organization of the Higher Scientific Institutions in Berlin"《论柏林高等科学机构的内部和外部组织》 93

Hume, David 大卫·休谟 72

immigrant students 移民学生 129

independence 独立性：agency and 主体与~ 71；apprenticeships and 学徒制与~ 46-51, 53, 55-56, 60-61, 71；economic 经济的~ 45, 55, 66, 71, 76, 116, 118；freedom as 作为~的自由 4, 6；in Humboldtian universities 洪堡大学里的~ 95；individualism vs. 个人主义vs.~ 50-51；language use and 语言使用与~ 143；religious education and 宗教教育与~ 65-66；of women 女人的~ 89-90 亦见freedom（自由）

individualism 个人主义 50-51, 132

Industrial Revolution 工业革命 56

in loco parentis 代理家长 55

Jack, Anthony Abraham 安东尼·亚伯拉罕·杰克 159-160

Jackson State University 杰克逊州立大学 139, 141

Jacobs, Harriet: *Incidents in the Life of a Slave Girl* 哈丽雅特·雅各布斯：《一个奴隶女孩的生活片段》 76

Jacobs Free School (Virginia) 雅各布斯免费学校（弗吉尼亚） 76

James, William 威廉·詹姆斯 112, 173

Jansenism 詹森主义 81-82

Jefferson, Thomas 托马斯·杰斐逊 103-104, 123

Jesus 耶稣 3, 9, 38-44, 179

索引 195

Jewish students 犹太学生 127, 130

Ji Huanzi 季桓子 15

John the Baptist 施洗约翰 40

Johns Hopkins University 约翰·霍普金斯大学 156

Judaism 犹太教 38-39

Judas (biblical) 犹大（《圣经》中的） 39, 42-43

justice 正义 32

Kant, Immanuel 伊曼努尔·康德: on classical education ～论古典教育 80; definition of enlightenment ～的启蒙定义 4, 86, 92, 95, 149; on dissemination of knowledge ～论知识的传播 84; on enlightenment as process ～论作为一个过程的启蒙 92, 169-170, 179; on freedom to question and reason ～论提问和思考的自由 79, 92; influence on Du Bois ～对杜波依斯的影响 112; influence on German universities ～对德国大学的影响 93; Rousseau's influence on 卢梭对～的影响 88; "What Is Enlightenment?" 《什么是启蒙？》78, 80, 96, 100, 102

Kent State University 肯特州立大学 139, 141

Kimball, Roger 罗杰·金博尔 151, 152

King, Martin Luther: "Letter from a Birmingham Jail" 马丁·路德·金:《伯明翰监狱来信》193n18

Knight, Louise 路易斯·奈特 119

Kronman, Anthony 安东尼·克朗曼 168

Laslett, Peter 彼得·拉斯莱特 182n1

lateral learning 横向学习 125-126

Latin language 拉丁语 58, 62-63, 68-69, 80-81

Lewis, David Levering 大卫·莱弗林·刘易斯 109, 112, 114

Li (rites and rituals) 礼 16-17

liberal arts education 博雅教育 70, 109

literacy 识字 62-65, 73-75, 143-146

Locke, John 约翰·洛克 81, 83, 152; *Treatise on Education* 《教育漫话》67

low-income students 低收入学生 159-164

loyalty 忠诚 21, 32-33, 38
Luther, Martin 马丁·路德 64-65

machine learning 机器学习 8
Mann, Horace 霍瑞斯·曼 144
Marcuse, Herbert 赫伯特·马尔库塞 132
Marxism 马克思主义 152
mathematics 数学 79, 80, 146
Matthew (biblical) 马太（《圣经》中的） 39, 40-42
McAllester, David P. 大卫·P.麦卡莱斯特 132
McClaskey, Kathleen 凯瑟琳·麦克拉斯基 166
McWhorter, John 约翰·麦克沃特 145
Menand, Louis 路易斯·梅南德 150
meritocracy 优绩主义 155-156, 159-164
Milton, John: *Paradise Lost* 约翰·弥尔顿：《失乐园》 82
Montás, Roosevelt 罗斯福·蒙塔斯 168-69；
Rescuing Socrates 《拯救苏格拉底》 169
moral virtues 道德 49, 52, 61
Morrill Act of 1890 1890年《莫里尔法案》 110

Morrison, Toni 托妮·莫里森 172
Mosley, Eleanor 埃莉诺·莫斯利 56
Mount Holyoke College 曼荷莲学院 122
multiculturalism 多元文化主义 152
music 音乐 70

Napoleon Bonaparte 拿破仑·波拿巴 93
Native American students 本土美国学生 139
Neo-Confucianism 新儒家 13
neoliberalism 新自由主义 154-155
Nietzsche, Friedrich 弗里德里希·尼采 173
nihilism 虚无主义 150
Nixon, Richard 理查德·尼克松 139-140
North Carolina Agricultural and Technical State University 北卡罗来纳州立农业理工大学 191n45
Nussbaum, Martha 玛莎·努斯鲍姆 176

Occom, Samson 萨姆森·奥库姆 74-75

opportunity hoarding 机会囤积 163-164

overconfidence 过度自信 33-34

Ovid: *Metamorphoses* 奥维德:《变形记》 63

Paul (biblical) 保罗(《圣经》中的) 39, 43-44

PBL (project-based learning) 项目式学习 166-167, 169

Pell Grants 佩尔助学金 161

Peloponnesian War (431-404 BCE) 伯罗奔尼撒战争(公元前431—前404年) 24, 32

Peter (biblical) 彼得(《圣经》中的) 39-40

Peters, Phillis Wheatley 菲莉斯·惠特利·彼得斯 73-74, 185n38

Pharisees 法利赛人 41

philosophy 哲学 36-37, 86

piety 虔诚 33

pit schools 矿坑学校 76

Plato 柏拉图 24, 25, 29-31, 182n28, 193n18; *Apology*《申辩》 31, 36; *Euthyphro*《游叙弗伦》 33-34; *Republic*《理想国》 31-32, 34, 171

political activism 政治激进主义 7-8, 134-140, 154

Port Huron Statement (Students for a Democratic Society)《休伦港宣言》 136

presentism 现在主义 47, 153

Princeton University 普林斯顿大学 98, 124

project-based learning (PBL) 项目式学习 166-167, 169

Protestants 新教徒 64-65, 82-83, 119

public good 公共利益 82

quadrivium of liberal arts 博雅教育中的四艺 70

questions 质疑: self-questioning 自我质疑 34; Socratic 苏格拉底式~ 26, 30, 36

racism 种族主义 5, 7, 72, 109, 112, 115

Reber, Rolf 罗尔夫·雷伯 195n40

reciprocity 互惠 19

redemption 救赎 42-43

Reeves, Richard 理查德·里夫斯 163-64

religious education 宗教教育 64-67, 81-83

remote learning 远程教育 10

Ren (benevolence/humaneness/goodness) 仁(仁爱/人道/良善) 17

Renaissance 文艺复兴 63-64

research universities 研究型大学 94-97

rhetoric 修辞 70

Rockford Seminary for Women 罗克福德女子神学院 119-120

Rollin, Charles 查尔斯·罗兰 81-83, 102; *Traité des études* 《教育论》 82

Rousseau, Jean-Jacques 让-雅克·卢梭 57-61, 86-91, 125, 163, 172

Rudolph, Frederick 弗雷德里克·鲁道夫 124

Salas, Charles 查尔斯·萨拉斯 82, 83

Sandel, Michael 迈克尔·桑德尔 162-163

San Francisco State College 旧金山州立大学 138-139

Santayana, George 乔治·桑塔亚纳 112

Savio, Mario 马里奥·萨维奥 135-136

Schleiermacher, Friedrich 弗里德里希·施莱尔马赫 187n19

Schorske, Carl 卡尔·休斯克 132

science 科学 79, 80, 94-95

secret societies 秘密社团 127

Seidenberg, Mark 马克·赛登伯格 145

self-awareness 自我省察 3, 45

self-control 自制 26

self-cultivation 自我修养 17, 21, 22-23

self-determination 自我决定 96

self-interest 个人利益 83, 84

self-questioning 自我质疑 34

self-sufficiency 自立 50

Sermon on the Mount 登山宝训 41-42

Shakespeare, William 威廉·莎士比亚 172

Six Arts (Confucianism) 六艺（儒家的） 16-17

Slater Fund 斯莱特基金 113, 115

slavery 奴隶制 46, 71-77

Smith, C. S. C. S. 史密斯 111

Smith, Pamela H. 帕梅拉·H. 史密斯 54

Smith, Sophia 索菲娅·史密斯 120

Smith College 史密斯学院 118-121, 132-33, 190n17

Socrates 苏格拉底 2-3, 9, 23-38, 44, 170, 171, 179

soft skills 软技能 128

Sophists 智术师 31-32

Sophocles 索福克勒斯 193n18

索　引　199

sororities 姐妹会 128-129, 131-134
South Carolina State University 南卡罗来纳州立大学 191n45
Spiegelman, Art: *Maus* 阿特·斯皮格尔曼:《鼠族》 7
standardized tests 标准化考试 157
Stanford University 斯坦福大学 156
Stoicism 斯多亚主义 89
Stone, Lawrence 劳伦斯·斯通 182n1
Strauss, Leo 列奥·施特劳斯 151
Students for a Democratic Society (SDS) 学生争取民主社会组织 136-137

Tagore, Rabindranath 拉宾德拉纳特·泰戈尔 170
Theodote 狄奥多特 28-29
Thomas, Keith 托马斯·基思 183n13
Thrasymachus 色拉叙马霍斯 31-32, 171
Ticknor, George 乔治·蒂克诺 97-98
tolerance 宽容 150
trivium of liberal arts 博雅教育中的三艺 70
Tuskegee Institute 塔斯基吉学院 113, 115

Tyler, George 乔治·泰勒 56

universities 大学: early 早期~ 68-71; Enlightenment and 启蒙与~ 92-107; evolution from monasteries and cathedral schools 从修道院和教会学校演进而来的~ 67-68
University of Berlin 柏林大学 96, 112-115
University of California at Berkeley 加州大学伯克利分校 134-136
University of California at Los Angeles 加州大学洛杉矶分校 7
University of Chicago 芝加哥大学 156
University of Michigan 密歇根大学 125
University of Virginia 弗吉尼亚大学 103-104, 124

Vietnam War 越南战争 6, 134-135, 138
Virgil: *Aeneid* 维吉尔:《埃涅阿斯纪》 63
virtues 美德: autonomy and 自主与~ 91; Confucianism and 儒家与~ 9, 15, 17, 21; Jesus and 耶稣与~ 9, 41-42; moral 道德 49, 52, 61;

Socrates and 苏格拉底与~ 9

vocational schools 职业学校 92, 115, 148

voting rights 投票权 138

Washington, Booker T. 布克·T.华盛顿 113, 115-117

Washington, Margaret Murray 玛格丽特·穆雷·华盛顿 115-116

Wesley, John 约翰·卫斯理 65, 185n31

Wesleyan University 卫斯理大学 130, 132, 160, 161

Winslow, Richard 理查德·温斯洛 132

Wollstonecraft, Mary 玛丽·沃斯通克拉夫特 89-91：*A Vindication of the Rights of Woman* 《女权辩护》 89

women students 女性学生：career obstacles for ~的职业障碍 133；colleges for 接收~的大学 118-123；demographic rise of ~人数的提升 5-6, 132-133, 192n2；independence of ~的独立 89-90；sororities and 姐妹会与~ 128-129；at Tuskegee Institute 塔斯基吉学院的~ 116-118

Xenophon 色诺芬 25-29, 35, 36：*Memorabilia* 《回忆录》 26

Yan Hui 颜回 18, 21-23

Zigong 子贡 18-19

Zilu 子路 18, 19-21